AKAL / LITERATURAS
27

Director de la colección:
Francisco Muñoz Marquina

La colección *Akal Literaturas* proporciona a estudiantes y profesores textos esmeradamente editados y anotados, precedidos de una sencilla pero completa introducción y acompañados de un conjunto de actividades que favorecen, de un lado, la adecuada comprensión de las obras por parte del alumno y, de otro, lo animan a desarrollar su creatividad y expresión personal. Todos los volúmenes incluyen, además, una cuidada selección de documentos complementarios y el comentario de un texto de la obra editada que puede servir de modelo al estudiante para la redacción de sus propios comentarios.

Maqueta de portada
Sergio Ramírez
Diseño interior y cubierta: RAG

Reservados todos los derechos. De acuerdo a lo dispuesto en el artículo 270 del Código Penal, podrán ser castigados con penas de multa y privación de libertad quienes reproduzcan sin la preceptiva autorización o plagien, en todo o en parte, una obra literaria, artística o científica, fijada en cualquier tipo de soporte.

1.ª reimpresión, 2011
2.ª reimpresión, 2016

© de la introducción, notas y apéndices, Antonio del Rey Briones, 2006

© Ediciones Akal, S. A., 2006
Sector Foresta, 1
28760 Tres Cantos
Madrid - España
Tel.: 918 061 996
Fax: 918 044 028
www.akal.com

ISBN: 978-84-460-2238-1
Depósito legal: M. 24.703-2011

Impreso en España / *Printed in Spain*

ANTOLOGÍA DE LA POESÍA MEDIEVAL

Edición de Antonio del Rey Briones

Antonio del Rey Briones es doctor en Filología hispánica, catedrático de Instituto y profesor de la Universidad de Alcalá de Henares. Su labor investigadora se ha orientado preferentemente hacia la narrativa contemporánea, el cuento y la teoría de la novela. En este ámbito se inscriben el libro *La novela de Ramón Gómez de la Serna* (que obtuvo una ayuda a la creación literaria del Ministerio de Cultura), diversos artículos sobre la obra de este escritor y otros sobre el cuento contemporáneo, el *Quijote* y los orígenes de la novela. Fruto de su experiencia –y vocación– docente son varios libros de texto para el Bachillerato y algunas ediciones de clásicos destinadas principalmente a la enseñanza de la Literatura en la Educación Secundaria: *Antología poética* de Góngora, *Antología del teatro breve* y una adaptación del *Quijote* en la que se pone esta obra al alcance de los estudiantes, pero sin desvirtuarla, y de manera que se perciba su sentido unitario y se puedan apreciar sus valores esenciales.

ARGENTINA
ESPAÑA
MÉXICO

Para Olivia y Cecilia

ÍNDICE

Introducción	7
1. El marco histórico	10
2. Sociedad y cultura medievales	12
3. Rasgos de la poesía medieval	14
4. Juglares, clérigos y trovadores	17
5. La poesía épica. El *Cantar de Mio Cid* ...	20
6. La poesía lírica: las jarchas, la poesía galaico-portuguesa y la trovadoresca	24
7. El mester de clerecía y la poesía del siglo XIV	27
7.1. Contexto histórico y cultural	27
7.2. El mester de clerecía	29
7.3. Gonzalo de Berceo	30
7.4. El Arcipreste de Hita y el *Libro de buen amor*	31
7.5. Sem Tob de Carrión. *Proverbios morales*	39
8. El siglo XV. La poesía culta, el Romancero y la lírica tradicional	41
8.1. Jorge Manrique	42
8.2. El Romancero	44
8.3. La lírica tradicional	48
Bibliografía...	53

ANTOLOGÍA DE TEXTOS 57
La poesía épica. El *Cantar de
Mio Cid* 59
Las jarchas 74
La poesía galaico-portuguesa 78
El mester de clerecía 83
  Gonzalo de Berceo 83
  Arcipreste de Hita 93
  Sem Tob de Carrión. *Proverbios morales* 122
La poesía del siglo xv 125
  Íñigo López de Mendoza, marqués
  de Santillana 125
  Jorge Manrique 132
El Romancero viejo o tradicional 151
  Romances épicos 151
  Romances carolingios 177
  Romances novelescos 184
  Romances líricos 190
  Romances fronterizos y moriscos 193
La lírica tradicional 199
  Cancionero anónimo 199
  Poetas de inspiración tradicional 203

GLOSARIO 209

PROPUESTA DIDÁCTICA 219

  ACTIVIDADES 221
    1. Actividades de comprensión 221
    2. Actividades de recapitulación 239
    3. Otras actividades 242
  TEXTOS COMPLEMENTARIOS 249
  COMENTARIO DE TEXTO 261

INTRODUCCIÓN

El origen de la poesía medieval hispánica (entendiendo por tal la producida en cualquiera de las lenguas romances peninsulares) debe remontarse a comienzos del siglo XI, fecha en que pueden datarse las primeras manifestaciones de la lírica española y románica: las *jarchas*, escritas en mozárabe, una lengua derivada del latín que hablaban los cristianos que permanecieron en los territorios de la Península conquistados por los árabes tras la invasión del año 711. Pero la poesía lírica sólo alcanzará un desarrollo notable en gallego y catalán, mientras que en lengua castellana se cultivará principalmente el género épico, que tiene en el *Cantar de Mio Cid* su ejemplo más logrado. Los siglos XIII y XIV suponen la aparición y desarrollo de una poesía narrativa de carácter culto, el mester de clerecía, basada principalmente en fuentes escritas y sujeta a una estricta regularidad métrica, la cuaderna vía, sólo alterada en su última fase. El siglo XV conoce el auge de la poesía tradicional, reflejada especialmente en el Romancero, aunque también, en menor medida, en la lírica tradicional castellana, de la que, salvo excepciones, sólo se encuentran testimonios tardíos. Junto a la tradicional, se cultiva en esta época la poesía de carácter culto, tanto la de orientación narrativo-alegórica, inspirada en buena medida en la de Dante, como la lírica de carácter cortesano, recogida en toda su amplitud y variedad en diversos cancioneros.

1. EL MARCO HISTÓRICO

España en el siglo XI

El comienzo de la literatura hispánica se sitúa en el siglo XI. En aquella época compartían la península Ibérica cristianos y musulmanes (además de una importante minoría hebrea), integrados en multitud de reinos independientes. El tercio norte de la Península, aproximadamente, con el Duero como frontera principal, estaba ocupado por los reinos cristianos: Galicia, León, Castilla, Navarra, Aragón y los condados catalanes. La mitad sur y casi toda la zona oriental correspondía a los reinos árabes. La situación entre ambos bloques era de guerra intermitente, porque los cristianos aspiraban a recuperar el territorio ocupado por los árabes a raíz de la invasión musulmana del 711, que supuso el fin del dominio visigodo en España. Los tres primeros siglos tras la conquista de España por los árabes (VIII, IX y X) fueron de dominación musulmana, pero en el siglo XI la situación se había invertido y ahora eran los cristianos quienes gozaban de una posición dominante. Ello fue debido principalmente a que la España árabe, tras la desintegración del califato de Córdoba, se había fragmentado en muchos reinos minúsculos *(reinos de taifas),* que por sí mismos poseían escaso poder político y militar, mientras que en la España cristiana se estaba produciendo un proceso de agrupamiento de rei-

Los reinos de taifas

nos, con la consiguiente concentración de poder. Así, en la segunda mitad del siglo XI, con Fernando I, y más tarde con su hijo Alfonso VI, Galicia, León y Castilla pasaron a integrarse en una misma Corona, lo que permitió que la Reconquista recibiese un fuerte impulso y que la frontera avanzara hasta el Tajo. En situación precaria, los reyezuelos árabes compraban la paz y la protección de los cristianos mediante tributos *(parias)*. Esta relación de fuerzas entonces favorable a los cristianos estuvo a punto de romperse a finales de este siglo con la invasión de los almorávides, que reagruparon bajo un mando único todos los reinos musulmanes dispersos. Éste es el momento y éstas las circunstancias en que se sitúa el comienzo de la literatura hispánica, momento que, curiosamente, viene a coincidir con el de los hechos que se narran en la primera obra notable de nuestra poesía épica: el *Cantar de Mio Cid*. De cualquier forma, hasta el siglo XIII la Reconquista no recibe su impulso definitivo, pues es en esta época cuando el rey Fernando III conquista para la Corona de Castilla la mayor parte de Andalucía, excepto el reino de Granada, mientras la Corona de Aragón, en el este peninsular, culmina su expansión hacia el sur con la conquista del reino de Valencia y las islas Baleares, ambas empresas debidas a Jaime I el Conquistador. Dos siglos más tardaría la Corona castellano-leonesa en lograr el mismo objetivo, pues durante los siglos XIV y XV se vivió en estos territorios un periodo de gran inestabilidad debido a las continuas guerras civiles por motivos dinásticos y a los numerosos enfrentamientos entre bandos nobiliarios. Por fin, en 1492, con la conquista de Granada y con la anexión de Navarra en 1513, los Reyes Católicos consiguen unificar la entidad histórico-política que durante los últimos cinco siglos se ha de-

Los reinos cristianos

Los almorávides

El siglo XIII

Fase final de la Reconquista

Raíces medievales de la España actual

nominado España. De especial importancia para conocer el contexto en que se desenvuelve la literatura española en sus primeros siglos de existencia, la historia de la Edad Media hispánica nos ayuda también a comprender la situación actual de nuestro país, pues muchas de las entidades político-administrativas que hoy constituyen el Estado de las autonomías tienen su origen en los diversos reinos y territorios con personalidad propia que se fraguaron en la Península durante los siglos medievales, debido principalmente a los avatares de la Reconquista.

2. SOCIEDAD Y CULTURA MEDIEVALES

Sociedad estamental

La *sociedad* medieval tenía una organización muy rígida, en la que cada individuo, según el grupo social que por su origen le correspondiera, tenía de por vida su función asignada, con pocas posibilidades de cambiar de situación. Y en una sociedad en la que, desgraciadamente, la guerra era una actividad muy frecuente, el papel dirigente lo ocupaba la aristocracia militar, el grupo de los caballeros; el segundo lugar lo ocupaban los eclesiásticos, dedicados a la oración (aunque algunos también empuñaban las armas cuando la ocasión lo requería), y el estamento inferior estaba integrado por los campesinos, que tenían como misión principal abastecer a los demás o servir de tropas de a pie en las mesnadas de los grandes señores. Quizá el único lugar donde existía para los campesinos una posibilidad real de mejorar de condición fuera en la lucha de frontera, pues los repobladores de las tierras recién conquistadas gozaban de ciertos beneficios a cambio de esforzarse por mantener lo conquistado.

El sistema social que rigió durante los primeros siglos de la Edad Media recibe el nombre de *feudalismo,* y se basaba en lo esencial en que el territorio estaba organizado en feudos en los que un noble ejercía un poder casi absoluto sobre sus vasallos, de los que exigía sometimiento y lealtad a cambio de protección. A partir del siglo XIII este sistema entra en crisis, debido, entre otras causas, al crecimiento de las ciudades o burgos, que se gobernaban de forma autónoma y sólo estaban sometidas a la autoridad del rey. Paulatinamente, la nobleza pierde poder, mientras que la burguesía, nueva clase emergente que habitaba en las ciudades, adquiere un especial protagonismo, porque constituía un grupo más dinámico e innovador que, mediante el comercio y una incipiente industria, hizo aumentar la riqueza, lo que facilitaba el cambio social y fomentaba unos nuevos valores y una nueva mentalidad, más orientada hacia lo práctico, al disfrute de la vida y al individualismo.

El feudalismo

Las sociedades hispánicas medievales nunca fueron completamente homogéneas porque, al principio, la invasión musulmana y luego los avances de la Reconquista fueron la causa de que tanto en al-Andalus como en los reinos cristianos convivieran, junto al grupo dominante, destacadas minorías. Así, en la España árabe vivían, conservando sus costumbres, lengua y religión, importantes contingentes de cristianos, que se llamaban *mozárabes,* mientras que en los territorios reconquistados también permanecieron significativas minorías de musulmanes, que se denominaban *mudéjares,* hábiles agricultores, artesanos y alarifes (albañiles). Por otro lado, en ambas zonas habitaba un buen número de judíos, dedicados sobre todo al comercio, asentados principalmente en núcleos urbanos y agrupados en barrios propios o *aljamas.*

Las tres culturas

Para tener una idea aproximada de cómo era la *cultura* en la Edad Media hay que partir del he-

La cultura medieval

cho de que la inmensa mayoría de la población (incluyendo a la aristocracia) era analfabeta, por lo que la cultura que recibían era fundamentalmente oral. Y el ingrediente principal de esa cultura era de carácter religioso, porque la Iglesia estaba presente en casi todas actividades, fiestas y costumbres de la gente. No obstante, siempre quedaba algún resquicio por donde afloraban residuos de paganismo o expresiones de protesta, especialmente en fiestas como el Carnaval. Los principales centros donde surgía, se transmitía y conservaba la cultura eran los monasterios. En sus bibliotecas se guardaban muchos libros, tanto antiguos como modernos, y en el *scriptorium* se hacían copias a mano para difundirlos. Debido a su laboriosa y lenta forma de producción, los libros eran muy escasos y caros y sólo los podían adquirir la nobleza y la Iglesia. Ligados a la Iglesia, también surgieron los primeros centros de enseñanza medievales: las escuelas *monacales,* si dependían de un monasterio, y *catedralicias,* si pertenecían a una catedral. En la Edad Media surgen también las primeras universidades, en las que se enseñaban un conjunto de disciplinas que integraban el *trivium* (gramática, retórica y dialéctica) y el *quadrivium* (aritmética, geometría, música y astronomía).

3. Rasgos de la poesía medieval

Oralidad

Para entender la naturaleza de la poesía medieval hay que tener en cuenta en primer lugar que, aunque el concepto de literatura siempre está asociado a textos escritos, en esa época la *oralidad* constituye uno de sus principales fundamentos. Y así, aunque lo que conservamos son textos escritos, en su gestación, en su ejecución (por ejemplo, la del juglar ante un público oyente, no lec-

Juglares y músicos medievales, según una ilustración del códice Aritmética de música, *conservado en Nápoles.*

tor) y en su transmisión (mediante la repetición memorizada principalmente), era un fenómeno esencialmente oral, si bien la intensidad del componente oral era distinta según los géneros: más acusada en la lírica y en la épica; menos, en la poesía culta (narrativa, alegórica o trovadoresca). Esta última se gestó por escrito y partiendo principalmente de fuentes escritas, pero, dada la escasez de libros en la época, fue dada a conocer sobre todo mediante actuaciones orales, bien a través de juglares o de otros agentes. Por otra parte, al ser la oralidad un medio inseguro de conservación y transmisión de la literatura, debido a que se fundamenta en un soporte tan frágil como la memoria, los textos que se difundían por este vehículo no se mantenían inalterados, sino que iban experimentando cambios en el largo proceso de su vida tradicional.

Tradicionalidad

El *carácter tradicional* es otro de sus más importantes rasgos distintivos, porque el escritor medieval casi nunca pretendía ser original, sino que tomaba de la tradición –oral o escrita– sus temas. Él simplemente se limitaba a reelaborarlos, cuando no los reproducía con escasas variantes. La influencia de la tradición es particularmente importante en determinados tipos de obras que, como la lírica popular y el romancero, tuvieron como principal modo de difusión la vía oral, con independencia de que estas formas poéticas también se recogieran, aunque tardíamente, por escrito. Gracias a su vida tradicional, estas producciones han sobrevivido a lo largo de los siglos a través de numerosos individuos que las iban transmitiendo de generación en generación.

Función didáctica

La función que entonces se asignaba a la literatura era esencialmente *didáctica,* es decir, no tenía como finalidad principal divertir, sino enseñar o adoctrinar. No obstante, había casos en los que no se solía seguir esta tendencia: por ejemplo, en la lírica, y especialmente en la de carácter cortesano, sólo animada por una intención estética.

Las formas suelen ser sencillas y los contenidos muchas veces impregnados de una ingenuidad y una simplicidad un tanto primitivas. En el siglo XV, los poetas cortesanos y los autores cultos, como Mena y Santillana, escriben ya en un estilo más difícil y complicado.

Juglares. En el Libro de la música, *de Alfonso X el Sabio.*

4. Juglares, clérigos y trovadores

Son los principales agentes creadores y transmisores de la poesía medieval.

Los *juglares* eran individuos que se ganaban la vida actuando en público. Los había de muchas clases (imitadores, mimos, saltimbanquis...), pero los que nos interesan son los que recitaban o cantaban con acompañamiento musical ante un auditorio piezas literarias diversas. Aunque en algunas ocasiones el juglar era también el autor de las obras que recitaba en público, por lo general éstas no eran de su invención, sino que se las proporcionaba un trovador o un clérigo. El juglar pertenecía a la clase popular y llevaba una vida ambulante, actuando en plazas, mercados u otros lugares públicos, así como en los palacios y castillos. Desde luego no había fiesta importante en que no actuasen los juglares y, a menudo, la importancia de una celebración dependía del número de juglares que congregaba.

El arte juglaresco

Temas y formas

La poesía creada o transmitida por los juglares configura en su conjunto el denominado *mester de juglaría*. Es un tipo de poesía de carácter popular o, por lo menos, sin grandes pretensiones culturales ni demasiadas complejidades en sus aspectos formales, debido a que el público al que iba dirigida era fundamentalmente iletrado. Por eso, la poesía juglaresca prefiere la rima asonante, que es más sencilla, y la versificación irregular. Pero si por su mayor sencillez la poesía juglaresca iba dirigida principalmente al pueblo, ello no quiere decir que la nobleza no gustara a veces de las composiciones que difundían los juglares, sobre todo los poemas épicos, dado que éstos transmitían precisamente las gestas guerreras o heroicas protagonizadas por este grupo social.

Transmisión oral

La poesía juglaresca, por otro lado, se inspira y toma sus temas sobre todo de las tradiciones transmitidas oralmente, y se difundía asimismo de viva voz, normalmente cantada y con acompañamiento instrumental, porque entre las diversas destrezas del juglar ocupaban un lugar destacado sus habilidades musicales. Los poemas épicos y un variado conjunto de canciones constituían la base de su repertorio, en el que no faltaban con frecuencia textos extraídos de poemas cultos, pero que por su carácter festivo y ligero o su especial amenidad pudieran interesar al público.

Poesía culta. La escritura

Los *clérigos* eran escritores de poesía culta, pues en la Edad Media se denominaba así a toda persona culta, pero, debido a que la cultura casi la monopolizaba entonces la Iglesia, se ha venido identificando al clérigo con el eclesiástico. Los clérigos componían sus obras en metros regulares, especialmente en cuaderna vía, sobre temas religiosos, históricos o pertenecientes al mundo clásico. Además, frente a la poesía juglaresca, la de clerecía se basaba en fuentes escritas, y se difundía también por escrito. No obstante, algunos clérigos no desdeñaban incluir en sus obras algunas poesías de tipo juglaresco, como es el caso del Arcipreste de Hita, que incluye en su *Libro de buen amor* diversas composiciones de origen tradicional. Hubo además clérigos a los que atraía la vida juglaresca, libre y desenfadada, la cual, salvando las distancias, podía equipararse en cierta medida con la que llevaban los bohemios de los siglos XIX y XX. Estos clérigos, llamados *goliardos*, fueron más numerosos en el resto de Europa que en nuestro país, y escribían, tanto en latín como en lenguas vulgares, poemas no precisamente relacionados con su condición eclesiástica, pues trataban de cosas tan profanas como el amor, el vino, la celebración de la alegría primaveral, la conciencia de lo inestable de la Fortuna, etc.

Temas

Los *trovadores* pertenecían a un nivel social superior al de los juglares, por lo que no dependían de su arte para vivir. Frecuentaban el ambiente refinado de los palacios y llegó a darse el caso de que incluso nobles y hasta algún miembro de la realeza ejercieran este mester. Eran por lo general artistas exquisitos, muy hábiles en el arte de versificar, hasta el punto de que con frecuencia lucían su destreza en ceremonias o fiestas literarias llamadas *juegos florales*, en las que tenían que competir unos con otros, a veces improvisando poemas sobre un tema dado. La poesía trovadoresca es muy variada, e incluye muchos tipos de composición poética, entre los que pueden mencionarse la *cansó*, de tema amoroso, el *sirventés*, de contenido satírico, y la *pastorela*, que desarrolla motivos pastoriles en un ambiente idealizado. La poesía trovadoresca se difundió durante la época medieval principalmente en Cataluña y en la Provenza y alcanzó una altura artística extraordinaria.

Poesía trovadoresca

Alfonso VI, rey de Castilla y León que desterró al Cid. Miniatura del siglo XIII.

5. LA POESÍA ÉPICA. EL *CANTAR DE MIO CID*

Poesía épica

Poesía épica quiere decir literalmente «poesía narrativa», es decir, que se emplea para contar o narrar una serie de sucesos ocurridos a unos personajes, porque el término *epos,* que procede del griego, significa precisamente «narración». Pero, generalmente, cuando se habla de este tipo de poesía se sobreentienden algunos rasgos más específicos, que son los que le confieren su verdadera identidad literaria. Así, los asuntos que sirven de base argumental a los poemas épicos son de carácter heroico o guerrero, y las peripecias que narran se exponen de manera un tanto exagerada, pues de lo que se trata es precisamente de ensalzar la figura del héroe, aunque en este propósito se acabe sacrificando en mayor o menor medida la norma de la verosimilitud. Los poemas épicos medievales, que se conocen como *cantares de gesta*, eran narraciones en verso de arte mayor que poseían una considerable extensión, pues uno de medianas proporciones, como el *Cantar de Mio Cid*, podía rondar los 4.000 versos.

El *Cantar de Mio Cid* constituye la primera gran obra de la literatura española en lengua castellana, el único cantar de gesta de la épica medieval primitiva que se conserva prácticamente íntegro, y desde luego la obra maestra del género en nuestra literatura.

Su fecha de composición es incierta. Para algunos se escribió hacia 1140, aunque para otros habría que retrasar la fecha hasta 1200, aproximadamente. Pero aunque se hubiera redactado a comienzos del siglo XIII, parece indudable que se gestó y circuló oralmente de forma fragmentaria desde mucho tiempo antes.

Hoy por hoy, debe considerarse como una obra anónima, pues aunque al final firma un tal Per Abad –para algunos su verdadero autor–, lo más probable es que éste no sea más que un copista. Tampoco parece cierta la teoría según la cual fue compuesto por dos juglares, uno de San Esteban de Gormaz y otro de Medinaceli, y que se basa en el conocimiento detallado de esos lugares que se demuestra en el *Cantar*.

Consta de cerca de 4.000 versos de diferente medida, que oscilan entre las diez y las veinte sílabas, divididos en dos hemistiquios por una pau-

Cantar de Mío Cid

Fecha de composición

Autoría

Composición sa o cesura. Los versos se agrupan en series de extensión variable, definidas por una misma rima asonante en todos ellos.

Tradicionalmente se ha dividido el contenido de esta obra en tres partes, atendiendo a los hechos más importantes de su argumento.

Cantar del destierro. Rodrigo Díaz, acusado de haberse quedado con parte de los tributos cobrados al rey moro de Sevilla, es desterrado por el rey Alfonso VI. Deja a su mujer y a sus dos hijas, doña Elvira y doña Sol, todavía niñas, en el monasterio de Cardeña, y acompañado de sus leales parte hacia tierras de moros. De sus victorias sobre éstos consigue cuantioso botín, del que envía una parte al rey para obtener su perdón.

Cantar de las bodas. Sigue la racha de victorias del Cid, que culmina con la conquista de Valencia. Por medio de Minaya, su lugarteniente, envía nuevos regalos al rey Alfonso, que permite que se reúnan con el héroe su mujer y sus hijas. El Cid defiende Valencia del rey Yusuf, que pretendía reconquistarla. Por fin recobra el favor real, y los infantes de Carrión, excitados por la riqueza del Cid, muestran su deseo de casarse con las hijas de éste. El Cid accede porque el rey se lo pide y se celebran las bodas, pero recela de las intenciones de los infantes.

Cantar de la afrenta de Corpes. Pronto los infantes muestran su cobardía y, ante las burlas de los hombres del Cid, deciden tomar venganza en sus propias mujeres. Piden permiso al Cid para ir con ellas a Carrión y, cuando llegan al robledo de Corpes, las maltratan y abandonan. El Cid pide justicia al rey, quien, para satisfacerle, convoca cortes en Toledo. El héroe obtiene la reparación de su honor, pero son algunos de sus caballeros quienes retan y vencen a los infantes. La honra del Cid culmina cuando sus hijas se casan en nuevas nupcias con los infantes de Aragón y Navarra.

Por los datos del argumento que hemos visto, podemos apreciar que el *Cantar* tiene como tema la pérdida de la honra del Cid y su posterior recuperación tras una serie de peripecias y dificultades en las que las cualidades del héroe castellano son puestas a prueba; aunque en realidad, la pérdida del honor y la tarea de recuperación del mismo es un doble proceso: el primero se abre con el destierro y se cierra con el perdón real, mientras que el segundo se origina con la afrenta de Corpes y concluye con la derrota –judicial, moral y, por último, mediante las armas– de los ofensores. El *Cantar* culmina con la apoteosis del héroe, puesto que logra casar de nuevo a sus hijas con los infantes de Aragón y Navarra, de manera que alcanza al final una honra y una gloria superiores a las que poseía anteriormente.

Temas

Comparado con los cantares de gesta europeos, el *Cantar de Mio Cid* destaca por su realismo, rasgo que en buena parte cabe atribuir a que se escribió en fechas cercanas a los hechos que relata. En lo esencial, por tanto, la obra se basa en hechos históricos, pero adaptados literariamente. Son históricos los personajes principales: el Cid, doña Jimena, el rey Alfonso VI, etc.; algunos de los hechos más importantes: el destierro del héroe (en realidad fueron dos, pero se reducen a uno para evitar la reiteración), la conquista de Valencia, las bodas de las hijas del Cid con los infantes de Navarra y Aragón, y en general la ambientación y la situación de España que se describe en el *Cantar*. Es producto de la fantasía del autor todo lo relacionado con los infantes de Carrión, la presencia de Minaya junto al Cid y algún otro episodio. Pero en conjunto predomina la impresión de verosimilitud, porque el lector tiene en todo momento la sensación de hallarse ante personas auténticas y de que aquello que se

Historia y ficción

cuenta ha podido realmente suceder, lo que nunca ocurre con los cantares de gesta franceses o germánicos, donde los hechos y los personajes son absolutamente inverosímiles.

Un héroe diferente El Cid es un héroe que sentimos próximo a nosotros porque sus hechos y comportamiento se mantienen siempre dentro de unas proporciones humanas. Le vemos indignarse ante la injusticia, emocionarse al despedirse de su mujer y sus hijas y preocuparse por la situación en que las deja; es valiente en el combate, pero también tiene un gran sentido práctico, y además no le falta –cosa bastante rara en la épica– sentido del humor. El autor nos lo dibuja, no de una pieza, sino con muchos matices en su personalidad, lo que acentúa la impresión de hallarnos ante una figura extraída de la realidad. Y algo parecido nos ocurre con los demás personajes, cada uno individualizado de forma convincente.

Estilo El lenguaje es sobrio, pero lleno de eficacia expresiva. Las descripciones, breves y sugerentes; los diálogos, vivos y con fuerza dramática. No hay que olvidar, por otra parte, que, como es propio del estilo épico, en el *Cantar de Mio Cid* abunda el lenguaje formulario: frases que introducen el estilo directo repetidas con pocas variaciones, epítetos épicos, apelaciones al oyente, etc., recursos típicos de la literatura de tradición oral, que tendían a facilitar la memorización del texto o la improvisación ante un auditorio cuando era necesario.

6. La poesía lírica: las jarchas, la poesía galaico-portuguesa y la trovadoresca

Hasta mediados del siglo XX se creía que las primeras manifestaciones de la lírica romance his-

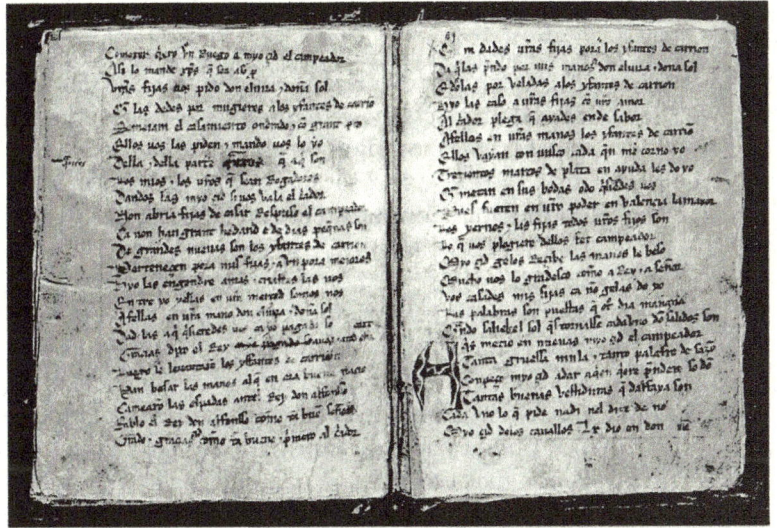

Manuscrito del siglo XIV del Cantar del Mio Cid. *Biblioteca Nacional, Madrid.*

pánica eran la poesía galaico-portuguesa y la catalano-provenzal, pero un importante descubrimiento realizado por aquellas fechas reveló la existencia anterior de una poesía lírica en lengua romance entre los mozárabes de al-Andalus, es decir, de la parte de la Península habitada entonces por los árabes. Un destacado estudioso de las literaturas semíticas, S. M. Stern, advirtió, en efecto, que al final de algunas composiciones en hebreo y árabe de los siglos XI al XIII llamadas *moaxajas,* había unas cancioncillas en lengua romance antigua, aunque estaban escritas en caracteres hebreos o árabes. El contenido era muy parecido en todas ellas: se trataba de unos poemas de amor en los que una muchacha se dirigía a un confidente (su hermana o su madre, principalmente) para contarle sus penas o inquietudes amorosas, bien por la ausencia, la tardanza o el abandono del amado. Breves, intensas, sugerentes, estas canciones se parecen mucho a

Un hallazgo singular

otras antiguas canciones de amor europeas e hispánicas.

Cantigas de amigo Es evidente, en efecto, el parentesco de las *jarchas* con las *cantigas de amigo* galaico-portuguesas. En éstas también es una muchacha enamorada la que expresa sus quejas de amor a un confidente, aunque su forma métrica, basada en un riguroso paralelismo, es más rígida y elaborada. Además de las *cantigas de amigo,* la lírica galaico-portuguesa produjo otras composiciones que no están relacionadas con la tradición peninsular, sino que proceden de la lírica surgida hacia el siglo XII en la Provenza francesa y que se extendió por buena parte de Europa, como la *cantiga de amor,* más artificiosa, en la que es ya un hombre el que expresa sus sentimientos, y las *cantigas de escarnio o maldecir,* de contenido satírico, tono humorístico y gran agudeza expresiva.

Poesía cortesana De orientación eminentemente culta es la poesía catalano-provenzal, que alcanzó un gran florecimiento entre los siglos XII y XIII. Lírica esencialmente trovadoresca, contó con un alto número de cultivadores, que dejaron una copiosa producción poética. Sus clases y formas son muy variadas y, aparte del *sirventés,* de carácter satírico, y el *planh* o lamento fúnebre, la mayor parte tiene una temática amorosa, expresada en un estilo pleno de sutilezas conceptuales y artificios formales: la *cansó,* la *pastorela,* la *albada,* la *tensó,* etc.

El amor cortés El concepto del amor, tal como se manifiesta en esta poesía, dio lugar al llamado *amor cortés,* que consistía en una visión y una práctica esencialmente espiritual del sentimiento amoroso. Así, el enamorado se consideraba vasallo de la amada, a quien idealizaba y tenía por un ser superior; y aunque ella debía ser casada, y por ello el amor llevarse en secreto, nunca éste se podía consumar, con el fin de mantenerlo siempre vivo y en tensión, pues en el fondo lo que se perseguía era una especie de perfeccionamiento moral. Comparada con las otras manifestaciones de la lírica hispánica, la castellana es muy escasa y bastante posterior. Se supone que existió una producción mucho mayor de la conservada, aunque los principales testimonios que tenemos de ella anteriores al siglo XV son de escasa entidad, aislados (Berceo, Arcipreste de Hita), tardíos o indirectos. Fue ya en el siglo XV y en el XVI, y de la mano de autores cultos (Juan del Encina, Gil Vicente), cuando se nos descubre una lírica que durante la mayor parte de la Edad Media castellana se mantuvo en estado latente.

Lírica castellana

7. EL MESTER DE CLERECÍA Y LA POESÍA DEL SIGLO XIV

7.1. *Contexto histórico y cultural*

Los siglos XIII y XIV constituyen una época de importantes cambios en la sociedad medieval, que, gracias al desarrollo de las ciudades, va perdiendo su antigua rigidez estamental para favorecer un nuevo orden social en el que la burguesía, nueva clase emergente, tendrá un papel destacado en el ámbito urbano, sin que ello suponga ni mucho menos un desplazamiento de la nobleza. En España, sin embargo, debido a sus peculiares condiciones históricas derivadas de la Reconquista, el cambio no es tan acusado en este periodo, y habrá que esperar al siglo XV para que el fenómeno alcance unas proporciones semejantes a las de otras regiones de Europa. Sí tuvo, por desgracia, alcance europeo la Guerra de los Cien Años y, sobre todo, una terrible peste que asoló el continente a mediados

Cambios sociales

Monje trabajando en el scriptorium *de un monasterio. Manuscrito de las* Cantigas de Santa María, *de Alfonso X el Sabio.*

del siglo XIV y que, según algunas estimaciones, supuso la muerte de un tercio de la población. La recuperación de esta catástrofe pudo acelerarse en buena medida gracias a la introducción en el cultivo de la tierra del caballo y las mulas, animales mucho más rápidos que los bueyes, que permitieron un notable aumento de la producción agrícola.

La cultura   En el ámbito de la cultura, los monasterios dejan de ser sus únicos depositarios y transmisores, quedando un tanto desplazados a partir de ahora por las universidades como centros de irradiación cultural, aunque no hay que olvidar que la presencia de la Iglesia también domina el panorama universitario. En cualquier caso, la influencia eclesiástica en el campo cultural ya no es tan intensa, debido a que la cultura empieza a contagiarse del vitalismo burgués y de sus valores y actitudes ante la vida: la visión heroica o religiosa del mundo cede ante el afán de goces terrenales, la importancia que se otorga a las cosas materiales y la impregnación de sentido práctico. Algo del nuevo espíritu se transmite, en el terreno artístico, al estilo gótico, que acaba desplazando al románico y se impone ahora en toda Europa.

En el plano literario también se producen cambios importantes, favorecidos en alguna medida por ciertas innovaciones técnicas, como la difusión del papel, que poco a poco va sustituyendo al pergamino como soporte de la escritura. Este hecho facilita la expansión de la literatura culta, es decir, escrita. Por otro lado, los temas heroicos y religiosos ya están en fase de decadencia, mientras se va imponiendo una tendencia más realista en la que no faltan las tonalidades satíricas y humorísticas. El mester de clerecía, que alcanzó su apogeo en el siglo XIII, todavía perdura en el XIV con grandes figuras, como el Arcipreste de Hita o el Canciller Ayala.

Novedades literarias

7.2. El mester de clerecía

Es un movimiento literario de carácter culto que surge en el siglo XIII y que vino a ser una réplica del arte juglaresco de orientación popular dominante en el siglo anterior, del que se distingue sobre todo por dos notas características: 1) la regularidad métrica, que se concreta en la utilización sistemática en toda su producción de una misma estrofa, la cuaderna vía, integrada por cuatro versos alejandrinos (de catorce sílabas) monorrimos, es decir, con una única rima consonante en todos ellos; 2) el carácter culto de sus obras, que consisten en la mayoría de los casos una traducción o adaptación al castellano de libros escritos en latín. La temática de las obras de clerecía es variada, pues a los de carácter religioso (Gonzalo de Berceo) se incorporan otros asuntos tomados de la tradición clásica en su orientación más novelesca, según ocurre en el *Libro de Alexandre* y el *Libro de Apolonio,* sin que falten los de tema heroico, como es el caso del *Poema de Fernán González.*

7.3. Gonzalo de Berceo

Primer escritor conocido

Primer escritor castellano de nombre conocido, nació en la villa riojana de Berceo; ejerció como clérigo secular (es decir, sacerdote corriente, que no sigue ninguna regla monástica) en el monasterio de San Millán de la Cogolla, donde permaneció el resto de su vida y donde murió viejo, a mediados del siglo XIII.

La totalidad de su obra es de carácter religioso y en ella encontramos varias vidas de santos locales, *San Millán, Santa Oria* y *Santo Domingo de Silos;* algunas obras de asunto diverso, como el *Martirio de San Lorenzo* o *De los signos que aparecerán antes del Juicio,* y otras de tema mariano.

Composición y contenido

Entre estas últimas cabe destacar la que es, sin duda, la obra más interesante y lograda de Berceo: *Los milagros de Nuestra Señora.* Consta de una introducción alegórica, en la que se nos presenta a un peregrino (el hombre) que encuentra reposo de sus fatigas en un agradable prado (la Virgen y sus dones), seguida de veinticinco narraciones, en cada una de las cuales se refiere un milagro de la Virgen. La mayoría tienen un fondo semejante: la Virgen siempre ayuda en sus dificultades a quienes le han mostrado sincera devoción; en otros se castiga a quienes la han ofendido o se refieren sucesos maravillosos reveladores de su poder. El hecho de que ninguno de estos relatos sea invención de Berceo (todos menos uno figuran por el mismo orden en un manuscrito latino anterior) no resta mérito al arte de nuestro escritor, puesto que la originalidad, como ya se dijo, no figuraba entre los objetivos de los escritores medievales. Es, por tanto, en la forma de adaptación y en el estilo donde deben apreciarse las cualidades literarias. Y, en este sentido, Berceo se caracteriza por la animación que proporciona a sus relatos y sobre todo por la gran capacidad sugeridora que alcanza en los detalles de la vida cotidiana, lo que le sitúa en el ámbito de un realismo primitivo e ingenuo, a la medida de las gentes sencillas e iletradas a quienes se dirigía.

7.4. *El Arcipreste de Hita y el* Libro de buen amor

Hoy se puede asegurar casi con total certeza, a la luz de documentos descubiertos no hace mucho, que el nombre de Juan Ruiz y su cargo de arcipreste de Hita corresponden a una persona real, que nació seguramente en Alcalá de Henares, como él mismo manifiesta en su libro, y que ejerció de arcipreste en la localidad alcarreña de Hita. Pero poco más. Porque su afirmación al comienzo del *Libro de buen amor* de que estuvo preso por orden del arzobispo de Toledo quizá no haya que entenderla literalmente. Y respecto a si el retrato que Trotaconventos hace de él res-

El autor

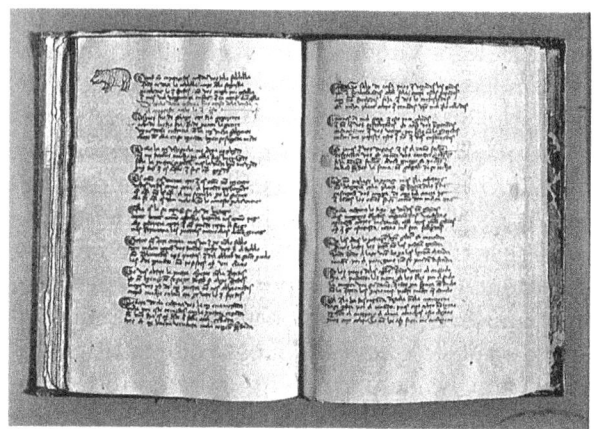

Manuscrito del Libro de buen amor.

ponde a su auténtica fisonomía, también caben serias dudas. De todos modos, aunque estos datos no sean ciertos y, por tanto, el contenido del libro no debamos entenderlo en un sentido estrictamente autobiográfico, sí nos proporciona algunos indicios sobre su temperamento vitalista y jovial y acerca de su amplia cultura.

El *Libro de buen amor.* Contenido y composición

Un libro diverso y singular

El *Libro de buen amor,* escrito en su mayor parte en cuaderna vía, es una obra bastante compleja en la que se integran materiales literarios muy heterogéneos, articulados mediante una narración autobiográfica, que es el elemento que sirve de soporte para aglutinar todo el conjunto. El resultado es un libro de una gran originalidad que no tiene parangón en toda la poesía medieval europea. En síntesis, su contenido argumental es el siguiente.

Comienza el libro con una oración en la que el narrador, que se presenta como un arcipreste, pide a Dios que le proteja y le libre de la congoja y la dura prisión (no sabemos si real o figurada) que padece, y a la Virgen Gloriosa que lo ayude y bendiga y aleje de él todo mal.

A continuación viene un prólogo en prosa, en el que el autor expone los motivos que le impulsaron a escribir este libro. El principal es prevenir acerca de los peligros que encierra el loco amor, sobre todo porque el hombre, dada su naturaleza débil y pecadora, se siente inclinado a practicarlo. Nos desconcierta, sin embargo, cuando dice que «porque es humana cosa el pecar, si algunos, aunque no se lo aconsejo, quisieran usar del loco amor, aquí hallarán algunas maneras para ello», si bien justifica que en el libro se incluyan tantos ejemplos del loco amor, que quizá al lector incauto puedan inducir en principio al pecado, en que es más fácil prevenirse de los males conocidos que de los que no conocemos. Aparte de la intención moral, al final apunta que su libro pretende ser muestra ejemplar del arte de rimar y trovar.

Sigue otro prólogo en verso, donde se insiste en que sepamos descubrir la lección moral que el libro encierra en el fondo, pese a que en la superficie pudiera parecer lo contrario, y tras identificarse el narrador como Juan Ruiz, arcipreste de Hita, y encomendarse a la Virgen, le dedica unas poesías líricas, para insistir después, en un episodio ya en cuaderna vía en que un griego y un romano discuten por señas, en que sepamos descubrir el significado verdadero de su libro por debajo de las apariencias. Y aquí arranca propiamente el auténtico argumento de la obra.

Éste consiste en una narración en forma autobiográfica en la que el protagonista nos cuenta principalmente una serie de aventuras amorosas, la mayoría de las cuales fracasan por diferentes motivos. Para sus conquistas amorosas, el Arcipreste se vale de diversos mensajeros o interme-

Una pseudoautobiografía como eje

diarios, el principal de los cuales es la vieja Trotaconventos, quien le proporciona la mayoría de las relaciones. Las mujeres a las que pretende el Arcipreste constituyen un conjunto de lo más variado: una "dueña cuerda", que lo rechaza; una panadera no muy virtuosa llamada Cruz (que, por cierto, es seducida por el mensajero, un compañero de estudios del Arcipreste llamado Ferrán García); una dueña honesta, que también lo rechaza; otra dueña viuda; una joven llamada doña Endrina, con la que se casa felizmente, aunque en esta ocasión transfigurado en don Melón Ortiz; y otra dueña muy joven, que muere al poco de aceptarle como enamorado. Después de este episodio, en la sierra de Guadarrama tiene cuatro encuentros con otras tantas serranas (pastoras toscas, lujuriosas y mal encaradas que asaltaban a los viajeros perdidos), pero son ellas las que ahora llevan la iniciativa, y, muy a su pesar, el Arcipreste tiene que ceder a los deseos de dos de ellas, mientras que a duras penas logra escabullirse de las otras. Durante la Cuaresma, el Arcipreste hace una pausa en sus aventuras eróticas, que se aprovecha para narrar la batalla entre don Carnal y doña Cuaresma, episodio alegórico de antigua tradición, y después de Pascua reanuda sus andanzas pretendiendo a una viuda, que no le acepta; luego a otra dueña, que lo deja plantado para casarse con otro, y más tarde a la monja doña Garoza, con la que mantiene una relación pura y honesta, que queda truncada porque ella muere al poco tiempo. Se propone entonces conquistar a una mora, que le despacha con malos modos, y al poco también muere Trotaconventos, a la que dedica un emotivo planto. La sustituye como mensajero el vicioso don Hurón, que no le puede conseguir a doña Fulana. Y aquí puede decirse que termina la narración autobiográfica que constituye el eje del *Libro de buen amor*.

Esta autobiografía ficticia es, como se ha dicho, el relato que sirve de base a todo el conjunto y constituye además el pretexto para que, de manera más o menos forzada, se vayan integrando otros muchos elementos. Este recurso es parecido al que utilizaban los predicadores medievales, que consistía en intercalar en sus sermones algunas historias y ejemplos que los hicieran más entretenidos, y también más accesibles a los asistentes las ideas que querían transmitirles. A veces, incluso, para dar mayor impresión de veracidad, se ponía el mismo predicador como protagonista o testigo directo de algunos de los relatos que contaba. Pues bien, ésta es, aproximadamente, aunque más elaborada y compleja, la fórmula narrativa empleada por el Arcipreste en su libro. Pero la autobiografía que constituye la base del libro no persigue sólo, ni principalmente, acentuar la sensación de autenticidad de los diversos elementos que integran la obra, sino que lo que se pretende mediante este mecanismo narrativo es sobre todo otorgar una cierta cohesión a esta diversidad de elementos, con el fin de que no sólo interesen cada uno por sí mismo, sino de que contribuyan entre todos a producir un efecto unitario.

Los principales elementos que se intercalan en el relato autobiográfico que sirve de eje al libro son los siguientes:

Elementos intercalados

- Una adaptación de la obra del poeta latino Ovidio *Ars amandi*. El Arcipreste imagina que se le aparece el Amor y ambos discuten de los males y beneficios que ocasionan las relaciones amorosas. En este debate, a su vez, se insertan numerosos ejemplos en forma de cuentos y fábulas, mediante los cuales cada parte intenta apoyar sus argumentos. El Amor, lógicamente, defiende el lado

bueno del ejercicio amatorio, al tiempo que le da consejos al Arcipreste sobre cómo puede conseguir más fácilmente a las mujeres, mientras que éste, por el contrario, le acusa de provocar en los enamorados más daños que beneficios.
— Una versión libre de una comedia latina medieval titulada *Pamphilus,* que se corresponde con el episodio amoroso más ampliamente desarrollado del libro, las relaciones entre don Melón y doña Endrina. Y aquí también se entremeten varios cuentos y fábulas, que desempeñan la misma función que en el caso anterior.
— Un nutrido grupo de fábulas y cuentos, la mayoría de origen folclórico, de los que buena parte de ellos se integran en los episodios aludidos, aunque pueden encontrarse asimismo con varios pretextos, pero siempre con una intención ejemplarizante o didáctica, en otros lugares del libro.
— Algunos episodios alegóricos, como «La batalla de don Carnal y doña Cuaresma», espectáculo que se solía escenificar en las fiestas carnavalescas de la Edad Media en las fechas previas al comienzo de la Cuaresma. La contienda que mantienen ambos significa la lucha que en el interior del cristiano mantienen las obligaciones religiosas, como la penitencia y otras virtudes morales o espirituales, con la inclinación natural del hombre al disfrute de los placeres materiales que el mundo le ofrece. En la pelea, doña Cuaresma, representada por una mujer flaca y pálida de tanto ayunar, cuenta con la ayuda de los pescados y las verduras (los únicos alimentos permitidos entonces en tales fechas), mientras que el ejército de don Carnal está integrado por los animales (aves, reses...) cuyas carnes no

se debían consumir en esos cuarenta días de penitencia, auxiliados además por los quesos y los vinos. Doña Cuaresma sale victoriosa de la lid y consigue apresar a don Carnal y sus compinches más próximos, pero, acabada la Cuaresma, don Carnal logra escapar de la cárcel y vuelve a enseñorearse del mundo... hasta la próxima Cuaresma.

– Y en fin, aunque ocupan un espacio más reducido, figuran también en el *Libro de buen amor* otros elementos, entre los que cabe mencionar parodias, como la que se hace de las horas canónicas; sátiras (por ejemplo, contra el poder del dinero) y, por último, algunas composiciones líricas, tanto religiosas como profanas: poesías a la Virgen, cantares de ciego, canciones de escolares pedigüeños, serranas, etc.

Como se puede apreciar, casi todos los materiales que utiliza el Arcipreste en la composición de su libro son ajenos, y proceden de muchas fuentes: autores clásicos, obras latinas medievales, repertorios de cuentos y fábulas de origen oriental, y relatos de tradiciones diversas. (Más discutible resulta la influencia significativa de la cultura árabe, aunque este criterio cuenta con destacados defensores.) Y a pesar de que, según hemos visto, buena parte del material empleado en el *Libro de buen amor* no es de invención propia, ello no impide que el resultado sea una obra de intensa originalidad, pues ha utilizado y adaptado de manera personal lo que pertenecía al patrimonio cultural común. Otros factores de la originalidad del Arcipreste son la construcción de un relato autobiográfico, que contaba con escasos antecedentes, y la fusión del mester de clerecía con algunos recursos del arte juglaresco que figuran a lo largo del libro.

Intención y significado

Sentido ambiguo
No es menos original esa deliberada ambigüedad con que el autor ha ocultado el sentido de su obra, pues si por un lado afirma que lo ha escrito para reprimir el loco o pecaminoso amor, por otro dice que, a pesar de todo, si algunos quisieren usar de sus malas artes –aunque no se lo aconseja–, en su libro hallarán algunos modos para ello. Por eso no queda claro si su propósito es didáctico y moral o sólo ha querido hacer un libro entretenido y licencioso poniendo como excusa una finalidad ejemplarizadora. O tal vez sólo haya pretendido recopilar con este pretexto una colección de géneros poéticos, o mostrar sus habilidades como poeta. De cualquier forma, no conviene desechar la intención moralizadora, si se tiene en cuenta que de las quince aventuras amorosas que emprende el personaje, sólo una culmina con éxito. Seguramente, en contra de lo que suelen hacer los moralistas, el autor ha preferido para su propósito didáctico no elogiar el buen amor, como parecería lógico, sino atacar el loco amor –el carnal, el pecaminoso–, mostrando muchos ejemplos de éste, porque sabía, como hombre de mundo que era, además de consumado artista, que el pecado es más atractivo e interesante, desde el punto de vista de su rendimiento literario, que la virtud, debido a que ofrece más posibilidades a la imaginación y puede, en consecuencia, dar lugar a escenas más pícaras y sugestivas que las que puede proporcionar la descripción de la buena conducta.

Lengua y estilo

Uno de los rasgos más sobresalientes del *Libro de Buen Amor* es la variedad de estilos que integra, la maestría que exhibe el autor en el manejo de tan variados modos de expresión y la riqueza de su lenguaje. Sobresalen su habilidad para la parodia, el sentido del humor, la capacidad de observación, la plasticidad descriptiva y el dominio del lenguaje popular, representado en el uso abundante de refranes y expresiones coloquiales.

7.5. *Sem Tob de Carrión*. Proverbios morales

Un caso singular en la poesía del siglo XIV es el del rabí don Sem Tob de Carrión, autor de los *Proverbios morales* (1349), uno de los primeros ejemplos en castellano de poesía didáctica, pues aunque la literatura sentenciosa ya se había cultivado de forma más o menos sistemática por algunos autores (don Juan Manuel, sin ir más lejos), su formulación poética es más rara por aquellas fechas. En los *Proverbios* expone Sem Tob una visión pesimista de la condición humana que guarda un parentesco evidente con la que se recoge en algunos textos bíblicos, y más concretamente en el *Eclesiastés,* y que se explicaría en parte por su condición de judío. Además, se aprecia un acusado escepticismo al enjuiciar la realidad, al tiempo que se apela a la prudencia y la cautela como la forma más adecuada de comportamiento en las relaciones con los demás, síntoma de una radical desconfianza en la naturaleza humana. De acuerdo con estos principios doctrinales, algunos de los núcleos temáticos más importantes que se contienen en estos proverbios son de signo existencial y se refieren, entre otros aspectos, a la fugacidad y precariedad de la vida y a lo engañoso e inconsistente de los placeres mundanos; otros contenidos son de signo más intelectual o crítico, como los que se refieren al valor que otorga a la sabiduría *(No hay caudal en el mundo / más grande que el saber)*

Antecedentes

Prudencia y escepticismo

Don Íñigo López de Mendoza, marqués de Santillana, por Jorge Inglés, en un retablo del siglo XV. Palacio del Infantado, Guadalajara.

y a la búsqueda de la verdad, virtudes que se manifiestan en el encendido elogio que se hace de los libros. Y, por último, abundan los contenidos de carácter pragmático en forma de valiosos consejos sobre las relaciones humanas: cómo una de las cosas peores es la compañía del hombre necio, mientras que uno de los bienes más preciados es la amistad sincera; o la recomendación de que sepamos discernir el provecho del daño, que tan próximos se hallan con frecuencia, o la advertencia de que es preciso esforzarse para lograr cualquier beneficio, bien sea la paz o la seguridad.

El tono sentencioso de los *Proverbios* adquiere unos perfiles más incisivos debido en buena parte a su formulación métrica mediante cuartetas, de forma que en términos tan breves y ajustados las ideas parece que adquieren una mayor rotundidad conceptual.

8. EL SIGLO XV. LA POESÍA CULTA, EL ROMANCERO Y LA LÍRICA TRADICIONAL

La pervivencia de unos temas y formas de raíz medieval, como los romances o la lírica tradicional, junto a la aparición de otros en los que es patente la influencia de los nuevos modelos de estirpe renacentista, es lo que caracteriza en líneas generales la literatura de esta época. Y este fenómeno lo advertimos con claridad en la obra de casi todos los escritores de este periodo, que al mismo tiempo que insisten en lo tradicional, ensayan, con mejor o peor fortuna, diversas innovaciones métricas procedentes de Italia, o introducen en sus obras numerosas referencias mitológicas y temas de ascendencia clásica, rasgos que sólo se generalizarán en España en el siglo siguiente.

Así, Íñigo López de Mendoza, marqués de Santillana (1398-1458), cultiva principalmente el poema alegórico de carácter culto, inspirado en la *Divina Comedia* de Dante, en obras como *La Comedieta de Ponza,* que refiere la derrota naval de Alfonso V de Aragón y sus hermanos en Ponza, o *El infierno de los enamorados,* donde, siguiendo el mismo recurso que utiliza Dante en su obra mencionada, el poeta, perdido en un bosque espeso, es conducido al otro mundo por un personaje mítico que le muestra los tormentos que sufren algunos célebres enamorados. Más frescura y gracia tienen sus *serranillas,* inspiradas en la *pastorela* provenzal, en las que un caballero, en un escenario idílico, encuentra a una no menos idealizada pastora, a la que requiere de amores. Especial interés tienen los *Sonetos hechos al itálico modo,* más que por su valor literario por ser de los primeros escritos en castellano.

La huella de Dante

También bajo el influjo de Dante, Juan de Mena (1411-1456) escribe el *Laberinto de Fortuna,* poema épico-alegórico compuesto por trescientas estrofas de arte mayor en versos dodecasílabos. En él relata un conjunto de casos extraídos de la historia de España en los que trata de mostrar la inestabilidad de la Fortuna, tema de larga tradición clásica y medieval, en un lenguaje culto, plagado de alusiones mitológicas y referencias a los autores clásicos, donde se manifiesta la gran cultura humanística de su autor.

Culto y tradicional

Una amplia representación de la poesía del siglo XV, tanto en su vertiente culta como tradicional, se encuentra en los diferentes cancioneros, especie de antologías que recogían poemas de una gran variedad de autores, junto a otros anónimos. Entre los más conocidos se encuentran el *Cancionero de Baena,* el de *Stúñiga* y el *Cancionero general* de Hernando del Castillo.

8.1. Jorge Manrique

Las armas y la letras

Hijo de don Rodrigo Manrique, maestre de la Orden de Santiago, nació en Paredes de Nava (Palencia), hacia 1440. Murió en 1479 junto al castillo de Garci-Muñoz (Cuenca), defendiendo los derechos de Isabel la Católica frente a los partidarios de Juana la Beltraneja, en la guerra de sucesión a la Corona de Castilla a la muerte de Enrique IV. Jorge Manrique representa la nueva imagen del noble culto y cortesano de finales de la Edad Media, que, alejado de la rudeza de los antiguos señores feudales, comparte el ejercicio de las armas con el de las letras, figura que alcanzará con Garcilaso, en el siglo siguiente, ya en pleno Renacimiento, su ejemplo más acabado.

Las *Coplas a la muerte de su padre*

Jorge Manrique escribió algunas composiciones amorosas y satíricas, por las que no pasaría de ser uno más de los muchos poetas que llenan los cancioneros de la época. Pero su justa fama se basa en un solo texto, un poema que le hace sobresalir del resto de los autores coetáneos y ocupar un lugar privilegiado en la historia de la poesía española: las *Coplas a la muerte de su padre*.

Consta esta composición de 40 estrofas manriqueñas, integrada cada una por dos coplas de pie quebrado de 6 versos, en las que se van alternando dos octosílabos y un tetrasílabo, que riman en consonante con arreglo a este esquema: a/b/c // a/b/c. *Composición*

Las primeras estrofas contienen unas reflexiones de carácter general sobre la fugacidad de la vida y lo inevitable de la muerte (estrofas 1-13). A continuación, se pasa a enumerar algunos ejemplos concretos y próximos, conocidos por los contemporáneos de Manrique, de cómo la muerte acaba, implacable, con todo: el poder, la belleza, la riqueza... (14-24). Posteriormente, se realiza un elogio fúnebre de don Rodrigo, a quien se compara con ilustres personajes de la Antigüedad (25-32), para, al final, mostrar con serena emoción su cristiana muerte.

Las *Coplas* (33-40) forman una elegía, pues expresan una lamentación por la muerte de un ser querido; en este caso, el padre del autor. Pero como suele ocurrir en toda elegía, el poeta no sólo se limita a quejarse por el triste suceso, sino que también realiza un elogio de las virtudes del fallecido, de su vida y su muerte ejemplares. Y además expone una serie de consideraciones morales en que nos advierte de la fragilidad de la vida y la escasa consistencia de los bienes mundanos, con el fin de hacernos reflexionar sobre lo úni- *Elegía y panegírico*

Sermón fúnebre

co importante en esta vida: hacer méritos para ganar la vida eterna y, de paso, alcanzar una fama perdurable.

Desde luego, ni el tema ni la intención de este poema constituían una novedad en la literatura, por lo que cabe preguntarse entonces qué hay de extraordinario en las *Coplas* para que se mantenga casi intacta su belleza e intensidad y para que después de más de cinco siglos nos sigan conmoviendo.

Tradición y originalidad

En primer lugar, la originalidad con que su autor supo enfocar un tema de tan larga tradición. Porque, a diferencia de la literatura anterior, que en estos casos solía emplear un estilo culto y elevado, Manrique opta por la naturalidad, por un lenguaje sencillo, comprensible por todos, pero sin caer en la vulgaridad y sin perder nunca la dignidad literaria. Además, las imágenes que emplea no son rebuscadas, sino basadas en detalles que todos podían percibir y entender. Por otro lado, el tono no es exageradamente patético, como era frecuente en esta clase de poemas, sino de una serena gravedad, que conmueve por la profundidad de lo que dice y no por los aspavientos con que lo dice. En resumen, Manrique consigue tratar con originalidad un tema antiguo, buscando lo que de esencial y permanente hay en una emoción compartida por gentes de todas las épocas y de todos los lugares; y lo hace además en un lenguaje sin demasiados artificios, sencillo y eficaz, que llega directamente a la sensibilidad del lector.

8.2. El Romancero

Definición

Desde un punto de vista formal, un romance es un poema compuesto por un número variable de versos octosílabos que riman en asonante los pares, quedando sueltos (sin rimar) los impares. Este

Dos juglares que aparecen en una miniatura del Libro de música, *de Alfonso X el Sabio.*

tipo de versificación es el resultado de partir por la mitad los versos monorrimos en asonante de 16 sílabas, que eran los más abundantes en los cantares de gesta, especialmente los más tardíos. Por eso, algunos editores de romances prefieren mantener los versos de 16 sílabas, separados en dos hemistiquios de 8 mediante una pausa o cesura.

El primer romance puesto por escrito del que se tiene noticia data de 1431 y es el que anotó en su cuaderno el mallorquín Joan de Olesa, estudiante de leyes en Bolonia. Un romance que seguramente tenía ya una larga vida tradicional, lo que viene a indicar que desde muy antiguo existía esta composición poética, aunque el grueso de los romances viejos conservados sean versiones escritas procedentes de los siglos XV y XVI. Pero de forma paralela, esos mismos romances tuvieron una larga vida tradicional, que llega casi hasta nuestros días, mediante la difusión oral.

Origen épico   El origen de los romances parece derivarse de los cantares de gesta. Con el tiempo, de estos largos poemas el juglar iría seleccionando sólo los episodios que más gustaban al público para recitarlos de manera independiente. Este fenómeno pudo producirse en principio con los romances de contenido épico, pero más adelante se compondrían romances sueltos y de temas más variados siguiendo el estilo y los procedimientos de aquéllos.

Los romances que vamos a considerar ahora son los viejos o tradicionales, es decir, los surgidos a finales de la Edad Media y de autor anónimo. En los siglos siguientes, el romance se continuó cultivando, ya por autores conocidos, y los creados en estas condiciones son los que constituyen el romancero nuevo o artístico.

El romance combina en distintas proporciones lo narrativo (es un relato) con lo lírico (afectividad e intensidad), incluyendo además bastantes elementos dramáticos (diálogos en los que escuchamos directamente a los personajes).

Fragmentación y oralidad   Por otro lado, el romance tiene carácter fragmentario, es decir, no suele contar una historia completa, sino un episodio aislado; por este motivo, comienza sin preámbulos, situándonos de golpe en el centro de la acción. Y también termina bruscamente, a veces en el momento de mayor interés, dejando el desenlace en suspenso.

Son frecuentes los romances que, para fijar la atención del lector u oyente, comienzan con una repetición: «Rey don Sancho, rey don Sancho...»; «Que por mayo era, por mayo...». La narración suele ser rápida y las descripciones precisas, aunque a veces se demoran en detalles sugerentes o pintorescos.

El origen oral de los romances se manifiesta en fórmulas con las que el juglar se dirige a los oyentes: «Viérades moros y moras salir huyendo al castillo»; «Allí habló el infante Arnaldos; bien oiréis lo que dirá». Para acentuar la impresión de antigüedad, se incorporan algunos arcaísmos. En ocasiones se produce una alternancia de tiempos verbales: «¿Qué castillos son aquéllos? ¡Altos son y relucían!». Finalmente, el frecuente empleo del estilo directo añade intensidad y sentido dramático.

Es preciso tener en cuenta que los romances antiguos se han transmitido principalmente por vía oral, lo cual, añadido a su gran expansión geográfica, ha favorecido que a lo largo del tiempo hayan surgido muchas versiones diferentes de cada texto.

Desde el punto de vista temático, los romances son muy variados. Los épicos o heroicos refieren hechos y situaciones propios de los cantares de gesta. Los carolingios son los protagonizados por personajes pertenecientes a la épica francesa originada en torno a la figura de Carlomagno. Artúricos o del ciclo de Bretaña son los que se centran en los personajes de la corte del rey Arturo, motivo de numerosas leyendas. Moriscos, los situados en la época final de la Reconquista y protagonizados por moros, pero considerados no ya como enemigos, sino con cierta comprensión y afecto. Los fronterizos relatan sucesos de la etapa final de la Reconquista: escaramuzas, tomas de ciudades o hechos de armas significativos. Los novelescos cuentan alguna historia sentimental aderezada con episodios de intriga, celos, venganza, misterio, etc. Por último,

Riqueza temática

los líricos se concentran en una situación de la que se desprenda una emoción intensa.

8.3. La lírica tradicional

Huellas dispersas

La vía culta

A diferencia de la poesía épica, que alcanzó en Castilla un desarrollo notable mientras que en los restantes reinos de la Península apenas dejó huellas dispersas de escasa entidad, de la poesía lírica medieval, muy abundante en catalán y gallego-portugués, apenas se conservan testimonios escritos en castellano. Una de las razones que explicarían la escasez de lírica castellana antigua, culta o tradicional, podría encontrarse en que el gallego-portugués había sido adoptado por los poetas castellanos para este tipo de composiciones. En todo caso, y en lo que se refiere específicamente a la lírica tradicional en cualquiera de las lenguas peninsulares, dado su carácter anónimo y su transmisión oral, los poemas que han llegado por escrito hasta nosotros se han conservado gracias a los autores cultos de los siglos XV y XVI, que, conscientes de la belleza y el valor literario que poseían, los imitaron en sus propias obras, y en muchos casos los incorporaron como núcleo de algunas de sus producciones poéticas para desarrollarlos mediante glosas, variaciones u otros procedimientos poéticos (lo mismo que había ocurrido antes con las *jarchas*, que perduraron porque los poetas cultos árabes y hebreos las incorporaron a las *moaxajas*). En esta línea de transmisión culta podrían incluirse las canciones tradicionales que han sobrevivido porque se interesaron por ellas algunos maestros de música del periodo aludido para adaptarlas a la polifonía.

Ésta es una de las vías por las que nos ha llegado la lírica tradicional de origen medieval pero, de forma paralela esas antiguas cancioncillas, se han mantenido vivas gracias a que se han conservado a lo largo del tiempo en la memoria colectiva. Y de esa corriente popular fueron rescatadas modernamente algunas de ellas, para fijarlas en la literatura escrita, por folcloristas, estudiosos y poetas.

La vía popular

Como se ha dicho, los ejemplos de lírica tradicional que se conservan en castellano son escasos y tardíos. Del siglo XIII se conserva, incluida en una crónica o relato histórico, una pequeña composición que trata de la derrota del caudillo árabe Almanzor en Calatañazor: «En Calatañazor / perdió Almanzor / el atamor (el tambor)»; Gonzalo de Berceo, también en ese siglo, incluye en una de sus obras un cantar de vela; algún que otro cantar tradicional procedente de ese siglo se ha podido recoger, pero hasta el siglo XV no afloran con cierta abundancia, y siempre a través de los poetas cultos, estas cancioncillas tradicionales. Lo cual no quiere decir que no existieran con anterioridad, si bien, como se ha dicho, se mantendrían de forma latente en la memoria popular, hasta que alguien se decidiera a ponerlas por escrito. Y si en el siglo XV aparecen con más frecuencia, ello puede deberse a que la artificiosa lírica trovadoresca ya no suscitaba demasiado interés entre los poetas, que descubrirían en esas cancioncillas populares, en su sencillez e intensidad, un modo de poetizar más auténtico.

Estado latente, manifestaciones tardías

Su extensión es muy breve, pues por lo general sólo constan de dos o tres versos de arte menor, que no siempre mantienen una regularidad métrica, con una misma rima asonante. Estas sencillas piezas poéticas reciben el nombre de *villancicos* (término que puede tener otras acepciones: composición integrada por el villancico y su glosa y canciones navideñas). Así pues, el villancico puede considerarse el núcleo de las composiciones

El villancico

tradicionales o escritas a imitación de éstas. Su desarrollo en poemas más extensos se hace, bien mediante la glosa, que consiste en comentar poéticamente los versos del villancico, según se aprecia en composiciones como el zéjel y afines, o en forma paralelística, a la manera de las cantigas de amigo gallego-portuguesas.

Temática Como temas principales de la lírica tradicional podemos destacar, en primer lugar, el amor, contemplado en muy diversas situaciones, pero casi siempre a través de la voz y la perspectiva de una muchacha. Algunos de los motivos más frecuentes son la lamentación por la ausencia del amado o la queja por su despedida al amanecer, la chica que no quiere ingresar en un convento, la malmaridada o casada descontenta, la que quiere casarse pronto, o la que rechaza el matrimonio, etc. El resto de los temas aparecen relacionados de una u otra manera con el amoroso. Así, el de la naturaleza, centrado especialmente en la exaltación de la primavera como expresión de renovación vital y de fertilidad. El ambiente primaveral aparece poblado de flores, aves (la tórtola, la garza, la calandria, el ruiseñor, el halcón) y otros animales (el ciervo), todos impregnados de un simbolismo erótico. Otros temas se refieren a la celebración de ciertas fiestas, como el día de san Juan, o a las romerías; o tratan de cantos de bodas, de trabajo, de vela, de motivos pastoriles, etc. En fin, todas estas modalidades de la lírica popular, y otras que podrían añadirse, vienen a demostrar su gran variedad, vitalidad y riqueza.

Entre los poetas cultos que captaron con más sensibilidad la belleza de la lírica tradicional y supieron imitarla con más acierto, cabe citar a Juan del Encina y a Gil Vicente, de quienes, pese a dedicarse principalmente al teatro, la posteridad ha valorado sobre todo su condición de poetas líricos de inspiración tradicional.

Juan del Encina (1468-1529) nació en Salamanca, en cuya universidad realizó estudios de Leyes, en los que alcanzó el grado de bachiller. Músico excelente, desde muy joven participó en el coro de la catedral. Más tarde recibió las órdenes menores y entró al servicio de la casa de Alba. Intentó ocupar, sin éxito, una plaza de *chantre* (cantor) en la catedral salmantina, y a raíz de este fracaso se estableció en Roma, donde gozó del favor de varios papas, de los que recibió cargos y prebendas. A los 50 años se ordenó sacerdote, y a poco de ser nombrado prior de la catedral de León, fue en peregrinación a Jerusalén, donde dijo su primera misa. A la vuelta, residió en León hasta su muerte. Considerado el padre del teatro español, hoy se le aprecia más por su poesía, recogida en su *Cancionero* (1496), primera edición de la poesía de un autor castellano. Y de este *Cancionero* lo más próximo a la sensibilidad actual son sus piezas de inspiración tradicional (glosas, villancicos, canciones, romances...), a muchas de las cuales puso música.

Del portugués Gil Vicente (¿1465-1539?), el mejor de los discípulos de Juan del Encina, apenas nos han llegado datos biográficos. Se supone que realizó estudios de Leyes, en los que alcanzó el grado de maestro. Se sabe, sin embargo, que desde muy joven estuvo al servicio de los reyes e infantes de Portugal. Escritor bilingüe, se expresó en portugués y castellano. Considerado el creador del teatro portugués, escribió más de cuarenta obras dramáticas, once de ellas en castellano. Excelente músico, compuso él mismo las partes musicales de sus comedias. Precisamente en estas obras se intercalan muchas de las composiciones líricas (villancicos, romances, canciones...), que se encuentran entre lo más valioso de la poesía de finales de la Edad Media y comienzos de Renacimiento, y que después de cinco siglos mantienen intacta su frescura y delicada belleza.

Música y poesía

Bibliografía

Dadas las características de la presente antología, cuya unidad no se sustenta en la obra poética de un solo autor (como podría ser una selección de la poesía de Quevedo), ni en la de un conjunto de autores que, además de cultivar preferentemente un mismo tipo de poesía, pertenecen a una misma generación (pongamos por caso una antología de la Generación del 27), ni en una sola clase de poesía (un Romancero, por ejemplo), sino que esa unidad radica en la inclusión de toda una época claramente delimitada en la historia literaria, como es la Edad Media, y en la integración de todas las modalidades de la poesía de este periodo, hemos optado por ofrecer en la bibliografía básica dos tipos de obras de consulta. Por un lado, las que ofrecen un panorama crítico de conjunto sobre la materia de esta antología y, por otro, trabajos que se refieren a las principales modalidades poéticas o, en su caso, obras o autores concretos.

Entre las visiones panorámicas, recomendamos:

BOBES NAVES, R., *Clerecía y juglaría en el siglo XIV,* Madrid, Cincel, 1980.
DÍAZ VIANA, L., *Del Medievo al Renacimiento. Poesía y prosa del siglo XV,* Madrid, Cincel, 1981.
GARCÍA DE LA TORRE, M., *La poesía en la Edad Media: épica y clerecía,* Madrid, Playor, 1981.
HUERTA CALVO, J., *La poesía en la Edad Media: lírica,* Madrid, Playor, 1981.
MARCOS MARÍN, F., *Literatura castellana medieval. De las jarchas a Alfonso X,* Madrid, Cincel, 1980.

Todos estos libros poseen una información suficiente y un planteamiento adecuado para llevar a cabo cualquier trabajo de consulta o ampliación, dado que fueron concebidos con una orientación esencialmente didáctica. Esta característica se aprecia en la selección y articulación de los contenidos y en la claridad de la exposición, aspectos en los que se pone de manifiesto que muchos de sus autores han ejercido la docencia en la Enseñanza Media y conocen de primera mano los problemas que se plantean en este nivel educativo, y por ello mismo ofrecen las propuestas y soluciones didácticas más adecuadas en cada caso. Aumenta el interés de estos volúmenes, en lo que se refiere a la adecuación al nivel y a las necesidades de sus potenciales destinatarios, el hecho de que en todos los casos incluyen al final comentarios de textos enfocados desde perspectivas diversas.

CASTILLO, Rosa, *Leyendas épicas españolas,* Madrid, Castalia, 1969.

Se trata de un libro particularmente útil y ameno, en el que se recomponen de forma narrativa las principales leyendas de la épica peninsular, la mayoría procedentes de poemas épicos perdidos, a partir de las huellas que han quedado en las crónicas y en ciertas producciones poéticas.

De los textos que pueden servir al alumno para ampliar las lecturas de los autores y obras incluidos en la presente antología recomendamos sólo aquellos en los que se ha modernizado la ortografía, y no cualquiera de las que se autodenominan «didácticas», dado que muchas de éstas mantienen, con leves retoques, el estado de la lengua originaria de estas producciones, imposibilitando a los actuales alumnos de Educación Secundaria el acceso a los textos así presentados. Muy útiles en este sentido son las versiones modernizadas del *Cantar de Mio Cid, Los milagros de Nuestra Señora* y el *Libro de buen amor* incluidas en la colección «Odres nuevos», de la editorial Castalia, y debidas, respectivamente, a Francisco López Estrada, Daniel Devoto y María Brey Mariño, así como la clásica *Flor nueva de romances viejos,* de Ramón Menéndez Pidal, editada en la colección Austral. Debe tomarse en consideración asimismo la reciente edición del *Libro de buen amor* de Nicasio Salvador, publicada en la editorial Mare Nostrum.

ANTOLOGÍA DE TEXTOS

La poesía épica:
el *Cantar de Mio Cid* (siglo XII)

1
El Cid sale para el destierro
(versos 1-67)

(Tras salir llorando de Vivar al contemplar sus palacios vacíos, el Cid entra en Burgos, acompañado de sus caballeros, pero nadie se atreve a hablarle ni a acogerle porque el rey lo ha prohibido, amenazando con graves castigos a los que incumplan sus órdenes.)

De los sus ojos tan   fuertemente llorando,
tornaba la cabeza   y estábalos mirando.
Vio las puertas abiertas,   que estaban sin
[candados,
alcándaras[1] vacías,   sin pieles y sin mantos,
sin sus halcones, sin   sus azores mudados[2].
Suspiró mio Cid,   por sus grandes cuidados[3].
Habló allí mio Cid,   bien y muy mesurado[4]:
«Gracias te doy, Señor,   Padre que estás en lo
[alto,
esto contra mí han hecho   mis enemigos malos».

[1] **alcándaras:** especie de perchas, tanto para colgar ropas como para atar aves de cetrería.

[2] **azores mudados:** que ya han mudado la pluma y son por tanto adultos y aptos para cazar.

[3] **cuidados:** preocupaciones, penas.

[4] **mesurado:** comedido.

5

[5] **aguijar:** *espolear al caballo.*

[6] **¡albricias!:** *¡qué buena noticia!*

A aguijar allí empiezan[5], allí sueltan las
[riendas. 10
Al salir de Vivar la corneja a la diestra
vieron, y entrando en Burgos, la vieron a
[siniestra*.
Se encogió el Cid de hombros y movió la cabeza:
«Álvar Fáñez, ¡albricias![6], aunque se nos destierra,
porque retornaremos con gran honra a
[Castiella». 15

[7] **pendón:** *banderín o gallardete. Cada lanza llevaba un pendón entre el asta y el hierro.*

Ruy Díaz mio Cid por Burgos se adentró;
en su compaña iban sesenta con pendón[7];
muchos salen a verlo, sean mujer o varón,
burgueses y burguesas se asoman al balcón,
llorando de sus ojos, tanto era su dolor. 20
Por las sus bocas todos decían esta razón:
«¡Dios, y qué buen vasallo si hubiese buen
[señor!».

[8] **de grado:** *de buena gana, con agrado.*

[9] **recaudo:** *precaución, cuidado.*

Le invitarían de grado[8], pero nadie lo osaba,
porque el rey don Alfonso le tenía mucha saña.
Antes de caer la noche llegó a Burgos su carta, 25
con recaudo[9] muy grande, fuertemente sellada:
que a mio Cid Ruy Díaz nadie le dé posada,
y aquel que se la diese supiese, es su palabra,
que perdería sus bienes, los ojos de la cara,
y además de los cuerpos perderían las almas. 30
Gran pesadumbre tienen estas gentes cristianas,
se esconden de mio Cid, no le osan decir nada.

(Se dirige el Cid después a la posada donde solía parar y también la encuentra cerrada. Ante su intento de abrir la puerta por la fuerza, la hija del posadero le ruega que se marche.)

---

* Existía la creencia de que un modo de adivinar el porvenir era observar el vuelo de las aves, a lo que se denominaba «agüeros».

El buen Cid Campeador marchó hacia su posada
y al llegar a la puerta la encontró bien cerrada,
por miedo al rey Alfonso así lo prepararan: 35
que si no la quebrase no le abriesen por nada.
Las gentes de mio Cid con altas voces llaman,
los de dentro no quieren responderles palabra.
Aguijó mio Cid, a la puerta llegaba,
sacó un pie del estribo y un fuerte golpe daba; 40
mas no se abre la puerta, que estaba bien cerrada.
Una niña de nueve años se le acercaba:
«¡Campeador, que en buena hora habéis ceñido
[espada!
El rey nos lo ha prohibido; anoche entró su carta,
con recaudo muy grande, fuertemente sellada. 45
No osaríamos abriros ni acogeros por nada;
puesto que perderíamos los bienes y las casas,
y también perderíamos los ojos de la cara.
Buen Cid, de nuestro mal no os aprovecha nada;
mas el Criador os valga con sus virtudes santas». 50
Todo esto habló la niña y volviose a su casa.
Ya ve el Cid que del rey ha perdido la gracia.
Partiose de la puerta, por Burgos aguijaba,
llegó a Santa María, luego descabalgaba
hincose de rodillas, de corazón rezaba. 55
La oración terminada, de nuevo cabalgaba,
saliose por la puerta, y presto cabalgaba,
pasaba por la puerta, el Arlanzón pasaba,
y fuera de la villa, en la glera[10] acampaba,
allí planta la tienda, y luego descabalga. 60
Así mio Cid, que en buena hora ciñó la espada,
acampaba en la glera, nadie le acoge en casa,
aunque a su alrededor había buena compaña;
así posó mio Cid, cual si fuese en montaña.
Le han vedado la compra dentro en Burgos la
[casa[11] 65
de entre todas las cosas, cuantas son de vianda;
aun por poco dinero no osan venderle nada.

[10] **glera:** *arenal pedregoso de un río.*

[11] *Es tanto como decir «en la ciudad de Burgos», y no en la comarca o alfoz que dependía de ella.*

2

Batalla en defensa de Alcocer
(versos 700-732)

(El Cid defiende Alcocer del rey moro de Valencia que pretende recuperar esta población.)

Las filas de los moros   ya empiezan a avanzar
para al Cid y los suyos   poderlos agarrar.
«Estaos quietas, mesnadas[12],   aquí en este lugar,
hasta que yo lo mande   ninguno ha de atacar».
Aquel Pedro Bermúdez   no se pudo aguantar,   5
con la enseña en lo alto   comenzó a espolear:
«¡El Criador os valga,   Cid Campeador leal!
Voy a meter la enseña[13]   en aquella gran haz[14];
los que crean que deben   ya la socorrerán».
Díjole el Campeador: «¡Te ruego no hagas tal!».   10
Repuso Per Bermúdez: «¡Como quiera será!».
Espoleó al caballo   hacia la mayor haz;
los moros le esperaban   por la enseña ganar,
aunque con grandes golpes,   no le pueden pasar.
Dijo el Cid: «¡Ayudadle,   sea por caridad!».   15

Embrazan los escudos   ante los corazones,
bajan luego las lanzas,   vueltas en los pendones,
inclinaron las caras   por sobre los arzones[15],
y lanzáronse a herirlos   con bravos corazones.
El que en buena nació   les llama a grandes [voces: 20
«¡Heridlos, caballeros,   por amor del Criador!
Yo soy Ruy Díaz el Cid   de Vivar Campeador».
Todos van al haz donde   está Pedro Bermúdez.
Trescientas lanzas son,   todas tienen pendones;
sendos moros mataron,   todos de sendos golpes;   25
a la vuelta, otros tantos   moros muertos que son.

Veríais tantas lanzas,   elevarse y bajar,
tantas fuertes adargas[16]   horadar y pasar,
tanta buena loriga[17]   romper y atravesar,

---

[12] **mesnadas:** *tropas, huestes.*

[13] **enseña:** *estandarte, bandera.*

[14] **haz:** *fila.*

[15] **arzón:** *una parte de la silla de montar.*

[16] **adarga:** *escudo ligero forrado de cuero.*

[17] **loriga:** *vestidura cubierta de pequeñas láminas de acero que cubría todo el cuerpo.*

tantos blancos pendones   salir rojos de sangre,   30
tantos buenos caballos   sin sus dueños andar.
Los moros «¡Mahoma!» gritan,   «¡Yago!» la
                                        [Cristiandad.
En poco han muerto mil   trescientos moros ya*.

3
El Cid conquista Valencia
(versos 1157-1220)

(El Cid cerca Valencia después de haber conquistado los alrededores, y tras varios meses de asedio, la ciudad se le entrega.)

Alegre se hallaba el Cid   y todas las sus compañas,
porque Dios los ayudó   a vencer en la batalla.
Por la noche, en correría,   sus soldados atacaban,
y hasta Cullera así llegan,   y así llegan hasta
                                        [Játiva,
y todavía más abajo,   hasta Denia así llegaban;   5
junto al mar, tierras de moros   duramente las
                                        [quebranta.
Ganaron Peña Cadiella,   y sus salidas y entradas.

Cuando el buen Cid Campeador   ganara Peña
                                        [Cadiella
bien lo lamentan en Játiva,   y también dentro en
                                        [Cullera,

---

* El juglar exagera al mostrar con qué facilidad las tropas del Cid causan cuantiosas bajas a los moros, sin sufrir por su parte daño alguno, lo cual es lógico en la poesía épica, que tiende a ensalzar desmesuradamente la figura del héroe. En este caso, además, quizá habría que pensar en la intención propagandística que pudiera animar al juglar, al presentar así la lucha contra los moros, pues no hay que olvidar que en las fechas en que empieza a circular el *CMC*, la Reconquista alcanza, con la invasión de los almohades, uno de sus puntos más críticos, y todo lo que estimulara la lucha era bien recibido.

y no se puede ocultar   el pesar que hay en
                                    [Valencia.   10
En las tierras de los moros,   muchas ganancias
                                         [juntando,
durmiendo durante el día   y por las noches velando,
en tomar aquellas villas   pasó mio Cid tres años.

A todos los de Valencia   escarmentado los han,
no se atreven a salir   ni con él irse a enfrentar;   15
las huertas se las talaba   y les hacía mucho mal;
en todos aquellos años   les impidió cosechar.
Los de Valencia se quejan   y no saben lo que harán,
porque de ninguna parte   puede llegarles el pan,
ni puede el padre a su hijo,   ni el hijo al padre
                                        [ayudar,   20
ni los amigos se pueden   entre ellos amparar.
Muy mal asunto es, señores,   tener escasez de pan
y a los hijos y mujeres   ver que de hambre
                                        [morirán.
El pesar que les apremia   no lo pueden remediar,
y por el rey de Marruecos   enviaron a buscar;   25
pero éste no los socorre,   ni les puede ayuda dar,
pues con el de Montes Claros[18]   en una gran guerra
                                            [está.
Cuando esto supo mio Cid,   gran alegría le da;
una noche de Murviedro[19]   sale para cabalgar,
y llega al amanecer   a tierras de Monte Real[20].   30
Por Aragón y Navarra   mandó pregones echar,
y hasta tierras de Castilla   su mensaje hace enviar:
«Quien penurias[21] dejar quiera   y su riqueza
                                        [aumentar
que venga con mio Cid   si le place cabalgar,
¡pues para darla a cristianos,   quiere a Valencia
                                        [cercar!».   35

«Quien quiera venir conmigo   para cercar a
                                        [Valencia,
que todos vengan de grado,   ninguno lo haga a la
                                        [fuerza,
tres días esperaré   cerca de Canal de Celfa[22]».

---

[18] *El rey de los almohades, que habitaban en la cordillera del Atlas, llamada entonces Montes Claros.*

[19] **Murviedro:** *Sagunto, localidad situada al norte de Valencia.*

[20] **Monreal del Campo:** *pueblo de la provincia de Teruel.*

[21] **penuria:** *miseria, escasez.*

[22] **Canal de Celfa:** *Se trata de Cella, pueblo situado a unos 40 kilómetros. de Monreal, donde todavía se conserva el canal que distribuye el agua de un manantial.*

Esto dijo mio Cid, el que en buena hora nació
y volviose hacia Murviedro, que ya antes
 [conquistó. 40
Anduvieron los pregones, sabed, a cualquier lugar,
al olor de la ganancia no se quieren retrasar,
muchas gentes se le acogen de la buena Cristiandad.
Creciendo va la riqueza de mio Cid el de Vivar.
cuando junta vio a su hueste gran satisfacción
 [le da. 45
Don Rodrigo, mio Cid, no lo quiso retrasar,
se dirigió hacia Valencia y sobre ella se fue a echar;
bien la cerca mio Cid, ningún ardid[23] les valdrá;
y no les deja salir y les impedía entrar.
Sonando ya van sus nuevas[24] llegan a todo
 [lugar; 50
más le acuden a mio Cid, sabed, que no se le van.
A la ciudad da una tregua, por si la van a ayudar;
nueve meses ya cumplidos, sabed que sobre ella
 [está,
y cuando el décimo llega se la tuvieron que dar.
Grandes son las alegrías que recorren el lugar
cuando conquistó Valencia el Cid y entró en la
 [ciudad; 55
los que llegaron a pie caballeros se hacen ya*,
y todo el oro y la plata ¿quién lo podría contar?
De este modo se hacen ricos todos los que allí están.
Don Rodrigo Díaz, el Cid, su quinto[25] mandó tomar,
en haberes monedados[26] treinta mil marcos[27] le
 [dan, 60
y de las otras riquezas, ¿quién las podría contar?**.
Alegre está el Campeador y cuantos con él están
cuando ve sobre el alcázar su estandarte principal.

---

* La facilidad con que las gentes del Cid se promocionan, consiguiendo algo inusual en la Edad Media, como era ascender de posición social, sería un acicate más para que algunos se decidieran a incorporarse a la lucha en la frontera, pues la recompensa prometida bien valía el riesgo que se asumía.
** También se insiste mucho a lo largo del *CMC* en lo fácil que es enriquecerse en la lucha contra los moros. Un motivo más para animarse a luchar.

[23] **ardid:** *maniobra hábil o astuta.*

[24] **nuevas:** *noticias.*

[25] **quinto:** *la quinta parte del botín, que era la que le correspondía al jefe.*

[26] **haberes monedados:** *dinero en metálico.*

[27] **marco:** *moneda castellana, de plata o de oro, de ocho onzas (unos 230 gramos). 30.000 marcos suponían una inmensa fortuna.*

4
Llegan a Valencia la mujer y las hijas del Cid
(versos 1576-1656)

(Acompañadas de Minaya, doña Jimena y sus hijas llegan a Valencia, a cuyas puertas el Cid las recibe; luego les enseña la ciudad desde lo alto del alcázar. Al poco, se presenta ante la ciudad el rey Yusuf de Marruecos que, acompañado de un gran ejército, había llegado ante Valencia con el afán de reconquistarla, y el Cid se apresta al combate.)

[28] **sobrepelliz:** *vestidura larga y ancha de mangas y talle que se ponía sobre la ropa en algunas ceremonias litúrgicas.*

[29] **sobregonel:** *túnica de seda o piel sin mangas que se ponía sobre la loriga.*

[30] **coberturas:** *cubiertas largas de gala, muy vistosas, hechas de diferentes tejidos, que se ponían a las caballerías.*

[31] **armas de fuste:** *armas de madera, propias para torneos o exhibiciones.*

En puertas de Valencia,   donde a salvo se hallaba,
ante mujer e hijas   quería lucir las armas.
Habiendo recibido   con gran honra a las damas,
el obispo Jerónimo   adelante pasaba,
dejando allí el caballo,   a la capilla entraba.   5
Con todos los que había,   que allí rezando estaban,
puesto el sobrepelliz[28]   y con cruces de plata,
salen a recibirlas   a ellas y a Minaya.
El que nació en buena hora   también se apresuraba,
vistió el sobregonel[29],   larga traía la barba;   10
ensíllanle a Babieca,   coberturas[30] le echaban,
sobre él salió mio Cid,   de fuste armas[31] tomaba.
El caballo llamado   Babieca el Cid cabalga,
la carrera que hizo,   ¡fue tan extraordinaria!
Todos se maravillan   de cómo galopaba,   15
desde entonces Babieca   se apreció en toda España.
Después de la carrera   mio Cid descabalga,
y fue hacia su mujer,   y hacia sus hijas ambas;
cuando lo vio Jimena   a los pies se le echaba:
«¡Merced, mio Cid, que en buena   hora ceñiste
   [espada,   20
por haberme librado   de las vergüenzas malas!
Señor, ante ti estamos,   yo y vuestras hijas ambas,
que a Dios gracias y a vos   ya están muy bien
   [criadas».
A la madre y las hijas   muy fuerte las abraza,
del gozo que tenían   los ojos les lloraban.   25

Todas las sus mesnadas   muy dichosas estaban,
con sus armas vestidas,   tablados derribaban[32].
Escuchad ahora al Cid,   que en buena ciñó espada:
«Vos, mi mujer, Jimena,   muy querida y honrada,
y vosotras, mis hijas,   mi corazón y mi alma,   30
entremos en Valencia,   que ahora es nuestra casa,
esta gran heredad   que yo os tengo ganada».
Al Cid la madre e hijas   las manos le besaban,
y así con tan gran honra   en Valencia se entraban.

[32] *Uno de los deportes caballerescos consistía en derribar tablados de madera armados para este fin.*

Dirigiose mio Cid   con ellas al alcázar,   35
y allí entonces subiolas   al más alto lugar.
Con sus ojos bellidos[33]   miran a todas partes,
y ven cómo se extiende   Valencia, la ciudad,
y hacia la otra parte   tienen a vista el mar,
y contemplan la huerta,   que frondosa es y grande; 40
luego alzaron las manos   para así a Dios rogar
por toda esta ganancia,   que extensa es y grande.
Mio Cid y los suyos   muy contentos están.
El invierno se ha ido,   ya marzo quiere entrar.
Ahora quiero contaros   nuevas de allende[34] el
                                    [mar,   45
sobre aquel rey Yusuf   que en Marruecos está.

[33] **bellidos:** *bellos, agraciados.*

[34] **allende:** *más allá.*

Se queja el de Marruecos   de mio Cid don Rodrigo:
«porque en mis posesiones   muy dentro se ha metido
y no se lo agradece   más que a Jesucristo».
Aquel rey de Marruecos   sus tropas ha reunido,   50
cincuenta mil soldados,   todos muy aguerridos,
se echaron a la mar,   en barcos se han metido,
a buscar en Valencia   al buen Cid don Rodrigo;
han llegado las naves   y de ellas ya han salido.

Llegaron a Valencia,   que es de mio Cid
                              [conquista,   55
allí plantan sus tiendas   las gentes descreídas[35].
Al Cid pronto han llegado   todas estas noticias.

«¡Gracias al Criador   y al Padre espiritual,
que todo el bien que tengo   todo delante está!
Con esfuerzo gané   Valencia, mi heredad,   60

[35] **descreídas:** *no creyentes, infieles.*

67

a menos que yo muera   no la puedo dejar.
¡Gracias al Criador   y a Santa María madre,
que mi mujer e hijas   conmigo están acá!
Me ha llegado un regalo   de tierras de ultramar,
empuñaré las armas,   no lo podré dejar;   65
mi mujer y mis hijas   me verán pelear,
cómo en tierras ajenas   se vive lo verán,
y bien verán sus ojos   cómo se gana el pan».
Su mujer y sus hijas   subiolas al alcázar,
allí alzaron los ojos,   vieron tiendas plantar: 70
«¿Qué es esto, mio Cid,   que el Criador os salve?».
«¡Ya mi mujer honrada,   no tengáis gran pesar!
Riqueza es que nos crece   maravillosa y grande;
a poco que vinisteis,   regalo os quieren dar,
se han de casar las hijas   y os traen el ajuar[36]»*.   75
«Gracias a Dios, buen Cid,   y al Padre Espiritual.»
«Quedaos en el palacio,   si acaso, en el alcázar;
no tengáis miedo alguno   porque me veáis
                                                [pelear:
con la ayuda de Dios   y Santa María madre,
me crece el corazón   porque delante estáis.   80
¡Esta lid con ayuda   de Dios la he de ganar!»

[36] **ajuar:** *la dote o los bienes que los padres daban a sus hijas cuando se casaban.*

5

El Cid es perdonado por el rey
(versos 2009-2051)

(El Cid parte de Valencia con muchos de sus guerreros para entrevistarse con el rey don Alfonso y deja la ciudad a cargo de Álvar Salvadórez y Galindo García, con la orden de que no abran a nadie sus puertas hasta que él regrese.)

---

* Lejos de asustarse por la amenaza que supone un ejército tan grande, el Cid se lo toma con humor, lo cual resulta insólito en un héroe épico y constituye un aspecto más de la originalidad del *CMC*. Detalles como éste hacen más humana la figura del Cid y sin duda favorecen la identificación emocional de los oyentes con el personaje.

Ya salen de Valencia   y aguijan a espolón[37],
buenos son los caballos,   fuertes y corredores,
mio Cid los ganara,   no los obtuvo en don;
ya se marcha al encuentro   del rey, como acordó.
Hace un día que llegara   el buen rey don Alfonso;   5
cuando acercarse vieron   al buen Cid Campeador,
salen a recibirlo   todos con gran honor.
Nada más verlo, el Cid,   que en buena hora nació,
a todas sus compañas   hacer alto mandó,
salvo a aquellos que amaba   de todo corazón.   10
Con unos quince de ellos,   pie a tierra luego echó;
según lo pensó el Cid,   que en buena hora nació,
de rodillas y manos   en la tierra se hincó,
y las hierbas del campo   con los dientes tomó.
Llorando por los ojos   del gozo que sintió,   15
así quiere humillarse   ante el rey, su señor;
y de esta misma guisa   a sus pies se arrojó,
por lo cual gran pesar   Alfonso, el rey, sintió.
«¡Levantaos del suelo,   mi buen Cid Campeador!
Podéis besar mis manos,   besarme los pies, no;   20
y si así no lo hacéis,   no alcanzaréis mi amor».
Hincado de rodillas   seguía el Campeador:
«¡Merced os pido a vos,   cual natural señor!
Y estando así yo os pido   que me deis vuestro amor,
para que lo oigan todos   los que hay alrededor».   25
El rey dijo: «Esto haré   de alma y de corazón.
Aquí mismo os perdono   y os otorgo mi amor
y desde hoy en todo   mi reino parte sois».
Habló entonces mio Cid   diciendo esta razón:
«¡Merced! Yo lo recibo,   Alfonso, mi señor.   30
Gracias al Dios del cielo;   después, gracias a vos,
y luego a estas mesnadas   que están alrededor».
Hincado de rodillas,   las manos le besó,
y puesto en pie, otro beso   en la boca le dio.
A todos los demás   esto les alegró,   35
Mas a García Ordóñez   y a Álvar Díaz les pesó[38].
Habló entonces mio Cid   y dijo esta razón:
«Todo esto lo agradezco   a Dios Padre, el Criador,
que he ganado la gracia   de Alfonso, mi señor;
de día como de noche   ruego me valga Dios.   40
¡Deseo que seáis mi huésped,   si lo estimáis, señor!»

[37] **aguijar a espolón:** *picar espuelas.*

[38] *Ambos son del bando de los enemigos del Cid.*

Dijo el rey: «No parece, que sea lo justo hoy:
vos llegasteis ahora y ayer llegamos nos,
hoy mi huésped seréis, mi buen Cid Campeador,
y mañana se hará lo que quisiereis vos».   45
Besole el Cid la mano al rey y lo aceptó.
Entonces se le acercan infantes de Carrión:
«¡Nos humillamos, Cid, el que en buena nació!

[39] **vuestra pro:** *vuestro provecho o interés.*

En cuanto nos podemos buscamos vuestra pro[39]».
Repuso el Cid: «¡Así lo mande el Criador![40]».   50

[40] *«¡Ojalá sea así!»: el tono parece de duda ante lo que dicen los infantes.*

6

Las hijas del Cid sufren la afrenta de Corpes
(versos 2697-2748)

(Éste es uno de los momentos culminantes del Cantar. Para vengarse de las humillaciones y burlas sufridas en la corte de Valencia por la cobardía mostrada en el combate y cuando un león se escapa de su jaula, los infantes de Carrión piden permiso al Cid para ir con sus mujeres a visitar sus tierras de Carrión, con la intención de descargar su resentimiento y su ira en las hijas del Campeador cuando se encuentren a solas con ellas lejos de Valencia. Hacia la mitad del camino, atan a sus mujeres a unos gruesos árboles y empiezan a golpearlas.)

[41] *Seguramente es un paraje situado en la provincia de Soria, próximo a Castillejo de Robledo. En la actualidad este topónimo corresponde a dos lugares, uno de Soria y otro de Guadalajara.*

[42] **acémilas:** *animales de carga.*

Han entrado los infantes en el robledo de Corpes[41],
las ramas tocan las nubes, tan altos los montes son,
y allí muchas bestias fieras merodean alrededor.
En un vergel que encontraron, donde hay una
[limpia font,
mandaron plantar la tienda los infantes de
[Carrión,   5
y con cuantos traen con ellos allí duermen esa
[noche;
abrazan a sus mujeres y les demuestran amor,
¡aunque mal se lo cumplieron nada más salir el sol!
Mandan cargar las acémilas[42] con bienes de gran
[valor,   10

70

han recogido la tienda   donde pasaron la noche,
y adelante ya se han ido   los que eran de criazón[43],
pues así se lo ordenaron   los infantes de Carrión:
que allí no quedase nadie,   ya sea mujer o varón,
sino sólo sus mujeres,   doña Elvira y doña Sol,   15
porque quieren solazarse[44]   con ellas a su sabor[45].
Todos ya se han alejado,   ellos cuatro solos son,
muy gran maldad han tramado   los infantes de
[Carrión.
«Bien podéis estar seguras,   doña Elvira y doña Sol,
de que aquí seréis vejadas,   en estos agrestes
[montes,   20
hoy os abandonaremos   y aquí quedaréis las dos,
no tendréis parte ninguna   en las tierras de Carrión.
Todas aquestas noticias   irán al Cid Campeador,
con ésta nos vengaremos   por aquélla del león.»
Allí los mantos y pieles   les arrancan a las dos,   25
dejándolas casi en cueros,   con camisa[46] y ciclatón[47].
Espuelas calzadas llevan,   malos traidores los dos,
y luego toman las cinchas[48],   que fuertes y duras son.
Cuando esto vieron las dueñas[49]   les hablaba doña
[Sol:
«¡Os lo rogamos don Diego   y don Fernando, por
[Dios,   30
que pues tenéis dos espadas,   que tan afiladas son,
(a la una llaman Colada   y a la otra llaman Tizón)
que nos cortéis las cabezas,   mártires seremos nos.
Los moros y los cristianos   creerán en esta razón,
que, pues no lo merecemos,   no lo recibimos
[nos[50].   35
No nos deis este cruel   castigo a nosotras dos,
porque si nos azotáis   tendréis mayor deshonor
y ya sea en juicio, ya en Cortes,   cuenta daréis de
[esta acción».
Lo que allí ruegan las dueñas   no les hace gran favor.
Ahora comienzan a darles   los infantes de
[Carrión,   40
con las cinchas corredizas   las azotan con furor;
con las espuelas agudas   donde hacen daño mayor,
las camisas y las carnes   les rompían a las dos;
hasta que salía la sangre,   limpia sobre el ciclatón.

[43] Los criados.

[44] **solazarse:** divertirse.

[45] **a su sabor:** a su gusto.

[46] **camisa:** prenda interior que estaba en contacto con la piel.

[47] **ciclatón:** prenda que se ponía encima de la camisa.

[48] **cinchas:** correas para sujetar la silla de montar u otros aparejos de las caballerías.

[49] **dueñas:** señoras, damas.

[50] «Que seremos mártires porque no merecemos la muerte, y por eso no la aceptamos.»

71

Bien que lo sentían ellas   dentro de su corazón.   45
¡Oh, qué ventura sería,   si quisiera el Criador,
que de pronto apareciese   por allí el Cid Campeador!
Tanto en fin las golpearon,   pues que tan crueles son,
que están cubiertos de sangre   la camisa y ciclatón.
Cansados se encuentran ya   de golpearlas los
[dos,   50
apostando entre ellos cuál   de los dos lo hace mejor.
Cuando hablar no pueden ya   doña Elvira y doña
[Sol,
por muertas las abandonan   en el robledo de Corpes.

7

El Cid recupera y acrecienta su honra
(versos 3708-3733)

(Tras las cortes de Toledo, en las que el rey Alfonso otorga la razón al Cid frente a sus ofensores, los infantes de Carrión, el Campeador recupera la honra perdida, lo que se confirma con la derrota de los infantes a manos de los hombres del Cid en los duelos celebrados en tierras de Carrión. Todavía aumenta la honra del héroe cuando sus hijas contraen nuevo matrimonio con los infantes de Aragón y Navarra.)

Dejémonos ya de pleitos   de infantes de Carrión;
de lo que han recibido   les quedó muy mal sabor.
Hablemos ahora de éste,   el que en buena hora
[nació:
grandes son las alegrías   en Valencia la mayor,
pues tanta honra lograron   los del buen Cid
[Campeador.   5
Agarrose de la barba   Rodrigo Díaz, su señor:
«¡Gracias doy al Rey del cielo,   mis hijas vengadas
[son!
¡Ahora ya quedaron libres   de las tierras de Carrión!
Sin vergüenza he de casarlas,   y aunque a unos
[pese, a otros no».

Luego prosiguen los tratos   con Navarra y
                                                [Aragón,   10
y todos se reunieron   con Alfonso el de León.
Hicieron sus casamientos   doña Elvira y doña Sol.
Los primeros fueron grandes,   pero estos son aun
                                                [mejor;
con mayor honra las casa   que en la primera ocasión.
¡Ved cómo crece la honra   del que en buena hora
                                              [nació,   15
pues sus hijas son señoras   de Navarra y de Aragón!
Así los reyes de España   hoy del Cid parientes son.
A todos alcanza la honra   del que en buena hora
                                              [nació.

De esta vida pasó[51] el Cid,   el de Valencia señor,   20
el día de Pentecostés.   ¡De Cristo tenga perdón!
¡Que así lo alcancemos todos,   el justo y el pecador.
Éstas, digo, son las nuevas   de mio Cid el
                                              [Campeador;
en este punto y lugar   se termina esta razón.

[51] *Quiere decir que murió.*

Al que este libro escribió   ¡dele paraíso Dios,
                                              [amén!   25
Per Abbat le escribió   en el mes de mayo,
en era de mil y CCXLV años[52].

[52] *La fecha corresponde en realidad al año 1207, pues en aquella época regía en la España cristiana el calendario hispánico, que empezaba a contar desde el año 38 a.C.*

Las jarchas
(siglos XI y XII)

שָׁטְפוּ נַחֲלֵי הַשֶּׁמֶן / נַחַל הָאֲבָנִים
בִּבְשׂוֹרוֹת גְּבִיר הָאוֹמֶן / עִם אֵל בַּעֲדָנִים.
יְחִי הַשָּׂר, אִמְרוּ "אָמֵן" / וְיִשְׂאוּ רְנָנִים:
דש כנד מו סדילו בניד / תן בונה אלבשארה
כם ראיה דשול אשיד / אן ואד אלחנ'ארה.

Afluyen los ríos de aceite al torrente de las piedras,
con nuevas del fuerte que cuida al pueblo de Dios con delicias.
¡Viva el príncipe! decid: "Amén", y entonarán cantos de júbilo:
"Des kand meu Cidielu venid ¡tan bona al-bisara!
com raya de soli esid en Wadi al-ḥiyàra".

Última estrofa de una moaxaja hebrea de Jehuda-ha-Leví (finales del siglo XI). Los dos versos finales incluyen la jarcha.

8

Garid vos, ay yermaniellas,
com contener el meu mali,
sin el habib non viureyu,
advolarei demandari*.

---

* En esta jarcha ya se advierten algunos de los rasgos que encontramos en otras manifestaciones de la lírica tradicio-

(Decidme, hermanillas,
cómo aguantaré mi mal,
sin mi amado moriré;
volaré en su busca.)

9

Des cand meu cidiello venid
¡tan buona albishara!
com rayo de sol yesid
en Wad-al-Hayara*.

(Cuando llega mi señor,
¡qué gran alegría!,
sale como un rayo de sol
en Guadalajara.)

10

Vase meu corazón de mib.
¡Ya Rabb! ¿Si se me tornarad?
Tan mal mi dueled li-l-habib,
enfermo yed, ¿cuándo sanarad?

(Mi corazón se aleja de mí.
¡Ay, Señor!, ¿acaso me volverá?
Tanto me duele por el amigo,
que está enfermo, ¿cuándo sanará?)

---

nal peninsular: tema amoroso, brevedad, tendencia a la asonancia, formulación desde la voz femenina, apelación a un confidente...

* Curiosamente, y a diferencia de la lírica tradicional posterior, en las jarchas no aparece la naturaleza en cualquiera de sus manifestaciones. Quizá alguna alusión indirecta a la primavera —«Véned la Pascua ed aún sin elle. / ¡Cóm cande mieo corachón por elle»—, porque el ambiente en que se enmarcan, en los casos, como el presente, en que se alude a él, es de carácter urbano.

Algunas jarchas muestran la desenvoltura de la mujer. Bailarina que figura en un manuscrito medieval convervado en el Biblioteca Nacional de París.

11

¿Qué faré, mamma?
Mieo al-habib est ad yana.

*(¿Qué haré, madre?
Mi amigo está en la puerta.)*

12

¡Mamma, ay habibi!
So la jumella saqrella
el collo albo
e la boquella armella.

(*Madre, ¡ay qué amigo!*
Bajo su rubita guedejuela,
el cuello blanco
y la boquita coloradita.)

13

Non dormireyo, mamma;
a rayo de mañana
buon abu-l-Qasim
la face de madraña.

(*No dormiré, madre:*
al amanecer [vendrá]
el bello abu-l-Qasim,
la faz de la mañana.)

14

Tant'amare, tant'amare,
habibi, tant'amare;
enfermaron uellos gayados,
¡e dolen tan male!

(*Tanto amar, tanto amar,*
amado, tanto amar;
enfermaron los ojos llorosos
¡y duelen tanto!)

LA POESÍA GALAICO-PORTUGUESA (SIGLOS XIII Y XIV)

15

Meendinho

Sedia-m' eu na ermida de San Simion,
e cercaron-mi as ondas, que grandes son.
Eu atendend' o meu amigo!
Eu atendend' o meu amigo!

Estando na ermida ant' o altar, 5
cercaron-mi as ondas grandes do mar.
Eu atendend' o meu amigo!
Eu atendend' o meu amigo!

E cercaron-mi as ondas, que grandes son;
non ei [i] barqueiro nen remador. 10
Eu atendend' o meu amigo!
Eu atendend' o meu amigo!

E cercaron-mi as ondas do alto mar;
non ei [i] barqueiro, nen sei remar.
Eu atendend' o meu amigo! 15
Eu atendend' o meu amigo!

Non ei i barqueiro nen remador:
morrerei, fremosa, no mar maior.
Eu atendend' o meu amigo!
Eu atendend' o meu amigo! 20

Non ei [i] barqueiro, nen sei remar:
morrerei fremosa, no alto mar.
Eu atendend' o meu amigo!
Eu atendend' o meu amigo!

(*Estaba yo en la ermita de San Simón,*
y cercáronme las olas, que grandes son.
¡Yo, esperando a mi amigo!...

Estando en la ermita ante el altar,
cercáronme las olas grandes del mar.
¡Yo, esperando...!

Y cercáronme las olas, que grandes son;
y no hay barquero ni remador.
¡Yo, esperando...!

Y cercáronme las olas del alto mar;
no hay barquero ni sé remar.
¡Yo, esperando...!

No hay barquero ni remador:
moriré, hermosa, en el mar mayor.
¡Yo, esperando...!

No hay barquero ni sé remar:
moriré, hermosa, en el alto mar.
¡Yo, esperando...!)

16

Martín Codax

Ondas do mar de Vigo,
se vistes meu amigo?
E ai Deus, se *verrá cedo!*

Ondas do mar levado,
se vistes meu amado? 5
E ai Deus, se verrá cedo!

Se vistes meu amigo
o por que eu sospiro?
E ai Deus, se verrá cedo!

Se vistes meu amado, 10
que me ei gram en cuidado?
E ai Deus, se verrá cedo!

*(Olas del mar de Vigo,
¿habéis visto a mi amigo?*
¡Por Dios, que venga pronto!

*Olas del mar alzado,
¿Habéis visto a mi amado?*
¡Por Dios, que venga pronto!

*¿Habéis visto a mi amigo,
aquel por quien suspiro?*
¡Por Dios, que venga pronto!

*¿Habéis visto a mi amado,
que me tiene en cuidado?*
¡Por Dios, que venga pronto!)

17

Nuno Fernández Torneol

Levad', amigo, que dormide-las manhăas frias:
toda-las aves do mundo d'amor dizian.
Leda m'and' eu.

Levad', amigo, que dormide-las frias manhăas;
toda-las aves do mundo d'amor cantaban. 5
Leda m'and' eu.

Toda-las aves do mundo d'amor dizian;
do meu amor e do voss'en ment' avian.
Leda m'and' eu.

Toda-las aves do mundo d'amor cantavan;   10
do meu amor e do voss' i enmentavan.
Leda m'and' eu.

Do meu amor e do voss' en ment' avian;
vós lhi tolhestes os ramos en que siian.
Leda m'and' eu.   15

Do meu amor e do voss'i enmentavan;
vós lhi tolhestes os ramos en que pousavan.
Leda m'and' eu.

Vós lhi tolhestes os ramos en que siian
e lhis secastes as fontes en que bevian.   20
Leda m'and' eu.

Vós lhi tolhestes os ramos en que pousavan
e lhis secastes as fontes u se banhaban.
Leda m'and' eu.

(Levantaos, amigo, que dormís las mañanas frías;
todas las aves del mundo de amor hablaban.
Alegre ando yo.

Levantaos, amigo, que dormís las frías mañanas;
todas las aves del mundo de amor cantaban.
Alegre...

Todas las aves del mundo de amor hablaban;
de mi amor y del vuestro se acordaban.
Alegre...

Todas las aves del mundo de amor cantaban;
de mi amor y del vuestro se acordaban.
Alegre...

*De mi amor y del vuestro se acordaban;
tú les quitaste los ramos en que se ponían.
Alegre…*

*De mi amor y del vuestro se acordaban;
tú les quitaste los ramos en que posaban.
Alegre…*

*Tú les quitaste los ramos en que se ponían
y les secaste las fuentes en que bebían.
Alegre…*

*Tú les quitaste los ramos en que posaban
y les secaste las fuentes en que se bañaban.
Alegre…*)

El mester de clerecía
(siglos XIII y XIV)

Gonzalo de Berceo
Los milagros de Nuestra Señora

18

Introducción

Amigos y vasallos   de Dios omnipotente,
si queréis escucharme   un poco solamente,
yo os querría contar   un suceso excelente:
por bueno lo tendréis   al cabo, ciertamente.

Yo, maestro Gonzalo   de Berceo llamado,   5
yendo de romería   encontreme en un prado
verde y bien sencido[1],   de flores bien poblado,
lugar apetecible   para el hombre cansado.

[1] **sencido:** *intacto, no hollado.*

Daban olor intenso   las flores bien olientes,
que al hombre refrescaban   los cuerpos y las
     [mentes;   10
manaban cada canto   fuentes claras, corrientes,
en verano bien frías,   en invierno calientes.

[2] **vicioso:** *cómodo, gustoso.*

[3] **cuidados:** *preocupaciones, dificultades.*

[4] **acordados:** *armoniosos.*

[5] *«Unas hacían el contrapunto musical en la quinta, y otras en la octava superior.»*

[6] **violero:** *tañedor de viola.*

[7] **giga:** *pequeña viola con tres cuerdas.*

[8] **salterio:** *instrumento musical de cuerda en forma de caja abierta por arriba. Las cuerdas se pulsan con un macillo, una púa o las manos.*

[9] **rotero:** *el que toca la rota, una especie de arpa.*

[10] **vocero:** *cantor.*

[11] **dinero:** *moneda de poco valor.*

[12] **priores, abades:** *cargos eclesiásticos*

Había gran abundancia   de buenas arboledas,
higueras y granados,   perales, manzanedas,
y muchas otras frutas   de diversas monedas,   15
pero no había ningunas   ni podridas ni acedas.

La verdura del prado,   el olor de las flores,
la sombra de los árboles   de templados sabores
refrescáronme todo,   y perdí los sudores;   20
¡podría vivir el hombre   con aquellos olores!

Nunca encontré en el mundo   lugar tan deleitoso,
ni sombra tan templada,   ni un olor tan sabroso.
Me quité la ropilla por   estar más vicioso[2]
y me puse a la sombra   de un árbol muy
[hermoso.   25

A la sombra yaciendo   olvidé mis cuidados[3],
y oí sones de aves   dulces y modulados;
nunca oyó ningún hombre   órganos más
[templados
ni que formar pudiesen   sones más acordados[4].

Unas tenían la quinta[5]   y las otras doblaban;   30
otras tenían el punto,   errar no las dejaban.
al posarse, al moverse,   todas se acompasaban:
aves torpes o roncas   allí no se acostaban.

No hay ningún organista,   ni ningún violero[6],
ni giga[7] ni salterio[8],   ni mano de rotero[9],   35
ni instrumento, ni lengua,   ni tan claro vocero[10]
cuyo canto valiese   junto a éste un dinero[11].

Pero aunque os hemos dicho   todas estas
[bondades,
ni siquiera es un décimo   de las sus cualidades,
pues tenía de noblezas   tantas diversidades   40
que no las contarían   ni priores[12] ni abades.

El prado que yo os digo   tenía otra bondad:
ni por calor ni frío   perdía su beldad,
estaba siempre verde   toda su integridad,
no ajaba su verdor   ninguna tempestad.   45

Tan pronto como me hube en la tierra acostado,
de todo sufrimiento fui al punto librado,
olvidé toda pena y lacerio¹³ pasado;
el que habitase allí sería bien venturado.

Los hombres y las aves cuantas allí acudían 50
llevaban de las flores todas las que querían,
pero en el prado de ellas ninguna mengua hacían:
por una que llevaban tres o cuatro nacían.

El mismo paraíso me parece este prado,
a quien Dios tanta gracia y bendición ha
[dado; 55
el que creó tal cosa fue maestro avisado¹⁴;
nunca lo olvidará quien allí haya morado.

El fruto de los árboles era dulce y sabrido¹⁵:
si don Adán hubiese de tal fruto comido
de tan mala manera no fuera confundido 60
ni tomaran tal daño Eva ni su marido.

Amigos y señores: lo que dicho tenemos
es oscura palabra*: exponerla queremos;
quitemos la corteza, en el meollo entremos,
tomemos lo de dentro, lo de fuera dejemos. 65

Todos cuantos vivimos y sobre pies andamos,
aunque en prisión estemos o en el lecho
[yazgamos,
todos somos romeros que de camino vamos:
san Pedro dice esto, por él os lo probamos.

Mientras aquí vivimos, en ajeno moramos; 70
la estancia perdurable arriba la esperamos,
y nuestra romería entonces acabamos,
cuando hacia el paraíso las almas enviamos

superiores de un monasterio, convento u órdenes religiosas.

¹³ **lacerio:** *sufrimiento.*

¹⁴ **avisado:** *entendido, docto.*

¹⁵ **sabrido:** *sabroso.*

---

* Berceo nos advierte que lo que está escribiendo posee un sentido simbólico, que no hay que entenderlo literalmente. Por eso requiere que se «exponga», es decir, que se explique. Lo que el autor hace en las estrofas siguientes.

En esta romería tenemos un buen prado
en que encuentra descanso el romero cansado: 75
es la Virgen gloriosa, madre del buen Criado,
del cual otro ninguno igual no fue encontrado.

Este prado fue siempre verde en honestidad,
Pues mácula nunca hubo en su virginidad;
post partum et in partu[16] fue Virgen de verdad, 80
ilesa e incorrupta toda su integridad.

Las cuatro fuentes claras que del prado manaban,
son los cuatro evangelios eso significaban,
pues los evangelistas, los cuatro que copiaban,
cuando los escribían con la Virgen hablaban. 85

Cuanto ellos escribían, ella se lo enmendaba,
sólo era bien firme lo que ella alababa:
parece que este riego todo de ella manaba,
porque sin ella nada a cabo se llevaba.

La sombra de los árboles, buena, dulce y
[sanía[17], 90
donde encuentra descanso toda la romería,
las oraciones son que hace Santa María,
que por los pecadores rüega noche y día.

Cuantos hay en el mundo, justos y pecadores,
coronados y legos[18], reyes y emperadores, 95
allí corremos todos, vasallos y señores,
todos bajo su sombra vamos a coger flores.

Los árboles que hacen sombra dulce y donosa[19]
son los santos milagros que hace la Gloriosa,
que son mucho más dulces que la azúcar
[sabrosa, 100
la que dan al enfermo en la cuita[20] rabiosa.

Y las aves que organan[21] entre esos frutales,
que tienen dulces voces, dicen cantos leales,
esos son Agustín, Gregorio[22] y otros tales,
todos los que escribieron de sus hechos reales. 105

---

[16] *En el parto y después del parto.*

[17] **sanía:** saludable.

[18] **coronados:** alude a los sacerdotes, que llevaban rasurada en la parte posterior de la cabeza una pequeña corona, llamada también tonsura; **legos:** seglares, laicos.

[19] **donosa:** agradable.

[20] **cuita:** sufrimiento.

[21] **organan:** cantan armoniosamente.

[22] San Agustín y san Gregorio.

Éstos tenían con ella   gran amor y querencia,
en alabar sus hechos   ponían gran vehemencia;
todos hablaban de ella,   cada cual su sentencia,
pero todos tenían   una misma creencia.

El ruiseñor que canta   con fina maestría,   110
y también la calandria,   hacen gran melodía;
pero mejor cantaron   el varón Isaías
y los otros profetas,   honrada compañía.

Cantaron los apóstoles   de modo natural,
confesores y mártires   hacían bien otro tal;   115
las vírgenes siguieron   a la Madre caudal[23];
todos ante ella cantan   canto muy festival.

[23] **caudal:** mayor, principal.

Por todas las iglesias,   y esto es cada día,
cantan laudes[24] ante ella   toda la clerecía;
todos alaban y honran   a la virgen María: 120
estos son ruiseñores   de gran placentería

[24] **laudes:** alabanzas; aunque aquí también se alude a ciertos oficios litúrgicos así denominados.

Volvamos a las flores   que componen el prado,
que lo hacen hermoso,   agradable y templado;
las flores son los nombres   que le dan el dictado[25]
a la Virgo María,   madre del buen Criado. [...]   125

[25] **dictado:** los escritos que hablan de la Virgen.

(En las estrofas siguientes se enumeran algunos de los nombres con los que se conoce a la Virgen en las Escrituras y oraciones: estrella, fuente, puerta, trono...)

Ya dijimos arriba   qué eran los frutales
en los que hacían las aves   los cantos generales:
sus milagros muy santos,   grandes y principales,
los cuales organamos   en las fiestas caudales.

Quiero dejar ahora   los pájaros cantores,   130
las sombras y las aguas,   las mencionadas flores:
quiero de estos frutales   tan llenos de dulzores,
hacer algunos versos,   amigos y señores.

Me quiero en estos árboles   un momento subir
y de los sus milagros,   algunos escribir;   135

la Gloriosa me guíe   que lo pueda cumplir,
pues sé que solo no   lo podría conseguir.

Tendré por un milagro   más que hace la Gloriosa
si quisiera guiarme   a mí en esta cosa:
Madre llena de gracia,   Reïna poderosa,   140
guíame tú en esto,   Tú que eres piadosa.

19

El ladrón devoto (milagro VI)

[26] *Levantar puentes era un trabajo al que estaban obligados todos los miembros de una comunidad.*

Había un ladrón malo   que prefería hurtar
a ir a las iglesias   o a puentes levantar[26];
sabía con lo robado   su casa sustentar,
y esta costumbre mala   no la podía dejar.

Si otros males hacía,   eso no lo leemos;   5
sería mal condenarlo   por lo que no sabemos,
mas bástenos con esto   que ya dicho tenemos;
si hizo algo más, perdónelo   Cristo, en el que
[creemos.

[27] *El Ave María completa o, por lo menos, más que esas dos palabras.*

Pero entre sus maldades   tenía una bondad
que al final le valió   y le dio salvedad: 10
creía en la Gloriosa   de toda voluntad,
y siempre saludaba   ante su majestad.

[28] **encrucijada:** *cruce de caminos. Se ahorcaba a los malhechores en las encrucijadas para advertencia y ejemplo de los caminantes.*

[29] **concejo:** *ayuntamiento.*

Aunque fuese a robar   o a alguna otra locura,
siempre se inclinaba   delante su figura;
decía «Ave María»   y más de la escritura[27],   15
tenía su voluntad   con eso más segura.

Como aquél que mal anda   en mal ha de caer,
lo cogieron robando,   lo hubieron de prender;
como por ningún medio   se pudo defender,
juzgaron que en la horca   lo debían poner.   20

Lo llevó la justicia   para la encrucijada[28]
donde estaba la horca   por el concejo[29] alzada;

tapáronle los ojos   con toca³⁰ bien atada,
y alzáronlo de tierra   con la soga estirada.

Alzáronlo de tierra   cuanto alzarlo quisieron,   25
cuantos estaban cerca   por muerto lo tuvieron;
mas si antes supiesen   lo que después supieron
nunca le hubieran hecho   todo lo que le hicieron.

³⁰ **toca:** *prenda de tela con que se cubría la cabeza.*

La Madre glorïosa,   tan ducha en socorrer,
la que suele a sus siervos   en sus cuitas valer,   30
a este condenado   quísolo proteger,
se acordó del servicio   que le solía hacer.

Puso bajo sus pies,   donde estaba colgado,
sus manos tan preciosas;   túvolo levantado:
no se sintió por cosa   ninguna molestado,   35
ni estuvo más a gusto   nunca ni más pagado³¹.

³¹ **pagado:** *contento, satisfecho.*

Después de los tres días   vinieron los parientes,
vinieron los amigos   y conocidas gentes;
venían por descolgarlo   rasgados³² y dolientes,
pero estaba mejor   que pensaban sus mentes.   40

³² *Cuando alguien fallecía, sus parientes se arañaban la cara o rasgaban sus vestidos en señal de dolor.*

Lo encontraron con alma   muy alegre y sin daño:
no estaría tan a gusto   descansando en un baño;
tenía bajo los pies,   decía, tal escaño,
que ningún mal tendría   aunque colgara un año.

Cuando esto conocieron   aquellos que lo
                              [ahorcaron,   45
pensaron que su lazo   flojo se lo dejaron;
mucho se arrepintieron,   pues no lo degollaron,
tanto gozaran de eso   cuanto después gozaron.

³³ **mesnada:** *aquí, «grupo», «compañía».*

³⁴ **livianos:** *ligeros, ágiles.*

Estuvieron de acuerdo   toda esa mesnada³³
en que los engañó   una mala lazada,   50
que debían degollarlo   con hoz o con espada,
por un ladrón no fuera   tal villa deshonrada.

³⁵ **sobejanos:** *grandes, sobrados.*

Fueron a degollarlo   los mozos más livianos³⁴
con buenos instrumentos,   cortantes, sobejanos³⁵:

89

metió Santa María entre medio las manos, 55
quedaron los gorgueros de su golilla sanos*.

Cuando vieron que nunca le podrían herir,
que la Madre gloriosa lo quería encubrir,
de este pleito advirtieron que habría que
                                    [desistir, 60
y hasta que Dios quisiese lo dejaron vivir.

Lo dejaron en paz que siguiese su vía,
pues no querían ir ellos contra Santa María.

[36] **folía:** *locura, pecado.*

su vida mejoró, se apartó de folía[36],
cuando cumplió su curso muriose de su día[37]. 65

[37] **muriose de su día:** *murió de muerte natural.*

A Madre tan piadosa, de tal benignidad,
que en buenos como en malos emplea su
                                    [piedad,
debemos bendecirla de toda voluntad;
aquel que la bendijo ganó gran heredad**.

Las mañas de la Madre y las del que parió 70
semejan bien calañas a quien las conoció:
Él por buenos y malos, por todos descendió;
Ella, si le rogaron, a todos socorrió.

20

El clérigo ignorante (milagro IX)

[38] *Es decir, «de escasa cultura».*

Érase un simple clérigo, pobre de clerecía[38],
todos los días la misa de la Virgen decía;

---

* Quiere decir que su garganta quedó sana, pero lo expresa con un cierto tono humorístico, dando un rodeo. Porque literalmente dice que quedaron intactos los adornos («gorgueras») del cuello que remata la camisa o prenda superior («golilla»).
** Es decir, que ganará el Paraíso, la mejor propiedad a que el cristiano puede aspirar.

no sabía decir otra,   decía ésta cada día:
más la sabía por uso   que por sabiduría.

Fue este misacantano[39]   al obispo acusado 5
de ser idiota, y ser   mal clérigo probado,
al *Salve Sancta Parens*[40]   tan sólo acostumbrado,
pues no sabía otra misa   ese torpe embargado[41].

El obispo, movido   muy duramente a saña,
decía: «Nunca de un clérigo   pude oír tal
 [hazaña». 10
Dijo: «Decid al hijo   de la mala putaña»
que ante mí se presente,   no se excuse con maña».

Ante el obispo vino   el preste[42] pecador;
había con gran miedo   perdido la color;
no podía de vergüenza   mirar a su señor; 15
nunca pasó el mezquino   un apuro mayor.

El obispo le dijo: «Preste, di la verdad,
dime si como dicen   es tal tu necedad».
El buen hombre le dijo: «Señor, por caridad,
si dijese que no,   diría falsedad.» 20

El obispo le dijo: «Ya que no tienes ciencia
de cantar otras misas,   ni sentido o potencia,
te prohíbo que cantes[43],   y te doy por sentencia
que de otra manera   busques tu mantenencia».

El clérigo marchose   triste y desconsolado; 25
tenía gran vergüenza   y daño muy granado;
volviose a la Gloriosa   lloroso y aquejado,
que le diese consejo,   porque estaba aterrado.

La Madre precïosa,   que nunca abandonó
a quien de corazón   a sus plantas cayó, 30
el ruego de su clérigo   enseguida atendió,
y sin tardanza alguna   luego[44] le socorrió.

La Virgo Glorïosa,   que es Madre sin dicción[45],
se apareció al obispo   en seguida en visión;

[39] **misacantano:** *el que canta misa, es decir, sacerdote.*

[40] *Palabras iniciales del introito de la misa de la Virgen.*

[41] **embargado:** *aquí quiere decir «inútil», «de pocas luces».*

[42] **preste:** *sacerdote.*

[43] **que cantes:** *que digas misa.*

[44] **luego:** *hasta el siglo XVII significa «enseguida», «al momento».*

[45] **sin dicción:** *sin acusación, es decir, sin pecado, sin falta.*

91

dijole fuertes dichos, en un bravo sermón, 35
y descubriole en él todo su corazón.

[46] **lozano:** Díjole enfurecida: «Don obispo lozano[46],
orgulloso. contra mí, ¿por qué fuiste tan duro y tan villano?
Yo nunca te quité por el valor de un grano,
y tú a mi me has quitado sin más un
[capellano». 40

«Porque a mí me cantaba la misa cada día
creíste que caía en yerro de herejía,
lo tuviste por bestia sin ninguna valía,
le quitaste la orden de la capellanía.

»Si tú no le mandares decir la misa mía 45
como solía decirla, gran enfado tendría,
y tú te morirás en el treinteno día:
¡Después verás qué cuesta la saña de María!»

Fue con esta amenaza el obispo espantado,
mandó al punto enviar por el cura vedado; 50
rogó le perdonase por lo que había errado,
porque en su caso fue gravemente engañado.

Mandole que cantase como solía cantar,
y que de la Gloriosa fuese siervo en su altar:
y si algo le faltase en vestir o en calzar, 55
él de lo suyo propio se lo mandaría dar.

Volviose el hombre bueno a su capellanía
y sirvió a la Gloriosa Madre Santa María;
en su oficio murió tal como yo querría,
fue su alma a la gloria, la dulce cofradía. 60

No podríamos nosotros escribir o rezar,
aunque por muchos años pudiésemos durar,
ni la décima parte de milagros contar
de los que por la Virgen Dios se digna mostrar.

92

Arcipreste de Hita
Libro de Buen Amor

21

Aquí dice cómo el arcipreste rogó a Dios que le otorgase gracia para poder hacer este libro
(Estrofas 13-19)

[...]
Tú que al hombre formaste, ¡oh mi Dios y Señor!,
ilumíname y préstame tu ayuda y tu favor,
que pueda hacer aqueste *Libro de buen amor*
que dé alegría al cuerpo y al alma dé vigor.

Si quisiereis, señores, oír un buen solaz[47], 5
escuchad el romance[48], sosegaos en paz;
no os diré una mentira en cuanto dentro yaz[49],
pues así en todo el mundo se acostumbra y se haz.

Y porque mejor sea de todos escuchado,
os hablaré por trovas[50] y en relato rimado: 10
es un decir hermoso y saber sin pecado*,
razón más placentera, hablar muy esmerado.

No penséis que es un libro de necio devaneo[51],
ni creáis que es burla algo de lo que os leo:
pues como buen dinero lo porta vil correo, 15
así, en feo libro, está saber no feo.

El ajenuz[52], por fuera, más negro es que caldera,
pero es por dentro blanco, más que la peñavera[53];
blanca harina se guarda con negra tapadera,
azúcar dulce y blanco está en vil cañavera. 20

Bajo la espina se halla la rosa, noble flor,
en fea letra se oculta saber de gran doctor;

[47] **solaz:** entretenimiento, placer.

[48] **romance:** obra en lengua vulgar.

[49] «En todo su contenido.»

[50] **por trovas:** en verso.

[51] **devaneo:** superficialidad.

[52] **ajenuz:** arañuela, planta ranunculácea usada en jardinería.

[53] **peñavera:** piel de la marta cibelina o armiño.

---

* En este verso se alude tanto al valor artístico del libro («decir hermoso») como al moral («sin pecado»).

[54] **tabardo:** prenda de abrigo ancha y larga, de paño tosco, que usaban los campesinos.

como so mala capa   yace buen bebedor,
así, so mal tabardo[54]   se encuentra el Buen Amor.
Y pues de todo bien   es comienzo y raíz   25
Virgen Santa María,   por ello, yo, Juan Ruiz,
Arcipreste de Hita,   a ella primero hiz
un cantar a sus siete   gozos que así diz.

(A continuación vienen unas poesías dedicadas a la Virgen)

22

Aquí habla de cómo todo hombre entre sus cuidados debe alegrarse y de la disputa que tuvieron los griegos y los romanos

(Estrofas 44-70)

Palabras son de sabio   y díjolo Catón,
que el hombre, entre las cuitas[55]   que hay en su
   [corazón,
debe mezclar placeres   y alegrar su razón,
pues las muchas tristezas   mucho pecado son.

[55] **cuitas:** preocupaciones, congojas.

Y porque del buen juicio   nadie puede reír,   5
algunas humoradas   tendré que introducir;
así, cuando las oigas   no quieras discutir,
salvo en la manera   de trovar y decir.

Entiende bien mis dichos   y medita su esencia,
no te ocurra lo mismo   que a aquel doctor de
   [Grecia   10
con el patán[56] romano   de tan poca sapiencia,
cuando le pidió Roma   a los griegos su ciencia.

[56] **patán:** persona tosca e inculta.

Así ocurrió que Roma   de leyes carecía;
pidiolas a los griegos,   que ellos sí las tenían,
respondieron los griegos   que no las merecían   15
ni podían entenderlas,   pues tan poco sabían.

Pero si las quería   para de ellas usar,
con los sabios de Grecia   debería disputar,

94

mostrar que las entienden   y merecen llevar:
esta respuesta hermosa   daban por se excusar.   20

Los romanos dijeron   que les placía de grado[57];
la disputa aceptaron   en contrato firmado,
mas como no entendían   un lenguaje ignorado,
pidieron dialogar   por señas de letrado.

[57] **de grado:** *de buena gana.*

Pusieron una fecha   para ir a contender;   25
los romanos se inquietan   y no saben qué hacer,
pues si no eran letrados   no sabrían entender
a los doctores griegos   y su mucho saber.

Estando en esta cuita   propuso un ciudadano
encargar el debate   a un bellaco romano,   30
que, a la buena de Dios,   hiciera con la mano
las señas que quisiera,   y fue consejo sano.

A un bellaco muy grande   le fueron a decir:
«Con los griegos nosotros   hemos de discutir;
por disputar por señas,   lo que quieras pedir   35
te daremos si logras   de este aprieto salir».

Vistiéronle con buenas   ropas de gran valía,
cual si fuese doctor   en la filosofía.
Desde su escaño dijo   con bravuconería:
«Ya pueden venir griegos   con toda su porfía[58]».   40

[58] **porfía:** *empeño, tozudez.*

Llegó entonces un griego,   doctor muy esmerado,
notable entre los griegos,   de todos alabado;
subió en el otro escaño[59],   ante el pueblo juntado,
y comenzó sus señas,   según se había acordado.

[59] **escaño:** *asiento.*

Tranquilamente, el griego   se levantó a mostrar   45
sólo un dedo, el que se halla   más cerca del pulgar,
y luego se sentó   en el mismo lugar;
levantose el bellaco,   parece amenazar.

Mostró al punto tres dedos   contra el griego tendidos:
el pulgar y otros dos   junto a él contenidos,   50

95

a manera de arpón   los otros encogidos;
sentose luego el necio,   mirando sus vestidos.

El griego levantose,   tendió la palma llana
y volviose a sentar   con su memoria sana;
levantose el bellaco   con fantasía vana,   55
mostró el puño cerrado: de pelea con gana.

A todos los de Grecia   les dijo el sabio griego:
«Merecen los romanos   las leyes, no lo niego».
Levantáronse todos,   con paz y con sosiego;
gran honra tuvo Roma   por un mal andariego⁶⁰.   60
Preguntaron al griego   qué fue lo que dijera
por señas al romano   y qué le respondiera.
«Yo dije que hay un Dios;   el romano, que era
uno con tres personas,   y tal señal hiciera.

Yo dije que está todo   bajo su voluntad;   65
y él que el mundo gobierna   su poder, en verdad.
Si creen y si entienden   la Santa Trinidad,
de las leyes merecen   tener seguridad.»

Preguntaron al necio   del debate el sentido:
«Dijo que con el dedo   que hacia mí había
                                         [tendido   70
me sacaría un ojo;   muy gran pesar he habido,
por lo cual respondile   rabioso, enfurecido,

que yo le quebraría   ante todas las gentes
con dos dedos los ojos,   con el pulgar los dientes.
Después me dijo que   si no paraba mientes   75
me pondría a palmadas   las orejas calientes.

Le dije entonces que   le daría tal puñada
que aun en toda su vida   no la vería vengada;
cuando vio la pelea   tan mal aparejada,
dejó de amenazar   a quien no teme nada».   80

Por eso el refrán dice   de la vieja sabida
que no hay mala palabra   si no es a mal tenida,

---

⁶⁰ **andariego:** *villano de a pie, por oposición a caballero; vagabundo.*

verás que está bien dicha   cuando es bien entendida.
Entiende bien mi libro: tendrás dueña garrida⁶¹.

La burla que escuchares   no la tengas por vil*;   85
el meollo del libro   entiéndelo sutil;
tratar del bien y el mal   encubierto y gentil
ni un trovador podrás   encontrar entre mil.

[61] **garrida:** *lozana y bien parecida.*

Hallarás muchas garzas   sin encontrar un huevo;
remendar bien no sabe   el sastre que sea
                                    [nuevo;   90
a trovar locamente   no creas que me muevo;
lo que el buen amor dice,   con razones te pruebo.

En general a todos   dedico mi escritura;
los cuerdos con buen seso   captarán la cordura;
los mancebos livianos   guárdense de locura;   95
escoja lo mejor   el de buena ventura.

Son las del Buen Amor   razones encubiertas;
medita donde hallares   señales e ideas ciertas;
si la razón entiendes   o en el sentido aciertas,
tal vez donde ahora males,   luego bienes
                                    [adviertas.   100

Donde pienses que miente,   dice mayor verdad;
en las coplas retóricas   yace gran fealdad;
si son buenas o malas   por sus notas juzgad,
si son buenas, load;   si malas, denostad⁶².

[62] **denostar:** *insultar, hablar mal de alguien.*

De cualquier instrumento   yo, libro, soy
                                    [pariente;   105
si tocas bien o mal,   tal diré, ciertamente;
para entenderlo bien,   lee despacio, detente;
si leerme supieras,   me entenderá tu mente.

---

* En esta estrofa y las siguientes el Arcipreste nos advierte que la ambigüedad que a veces se pueda percibir en su libro no debe ser un obstáculo para que, si lo leemos con atención, en el fondo podamos apreciar una lección moral.

23

Aquí dice cómo, por naturaleza, las personas y los animales quieren tener compañía con las hembras

(Estrofas 71-76)

Como dice Aristóteles, y es cosa verdadera,
el hombre por dos cosas se mueve: la primera
por haber mantenencia, la otra cosa era
por conseguir unión con hembra placentera.

Aristóteles, según una ilustración de un códice medieval.

Si lo dijese yo, se podría negar, 5
mas lo dice un filósofo, no se me ha de culpar;
de lo que dice el sabio no debemos dudar,
pues con hechos se prueba su sabio razonar.

Que el sabio verdad dice claramente se prueba:
hombres, aves y bestias, todo animal de cueva 10
desean por natura siempre compaña nueva,
y mucho más el hombre que otro ser que se mueva.

Digo que más el hombre que cualquier criatura,
pues si éstas sólo un tiempo se juntan por natura,
el hombre, en todo tiempo, sin seso y sin
　　　　　　　　　　　　　　[mesura[63], 15
siempre que quiere y puede hacer esta locura.

[63] **sin seso y sin mesura:** *alocadamente y sin medida.*

Siempre el fuego prefiere estar bajo ceniza,
pues antes se consume cuanto más se le atiza;
el hombre cuando peca bien ve que se desliza,
mas no puede dejarlo, pues natura le entiza[64]. 20

[64] **entiza:** *estimula, aguijonea.*

Y yo, como soy hombre, y, por tal, pecador,
sentí por las mujeres a veces gran amor;
que se prueben las cosas no siempre es lo peor;
el bien y el mal sepamos, y escoged lo mejor.

24

El Arcipreste dice que nació bajo el signo de Venus y que por eso su sino es amar a las mujeres y hace un elogio del amor

(Estrofas 152-165)

Bajo el signo de Venus muchos nacen, su vida
es amar las mujeres, nunca se les olvida;
trabajan y se afanan bastante, sin medida,
y casi nadie alcanza la prenda más querida.

En tal signo como éste creo que yo nací; 5
siempre quise servir[65] a cuantas conocí;

[65] **servir:** *en el lenguaje cortés de la época quiere decir «amar».*

99

el bien que ellas me hicieron   no desagradecí,
también serví a otras muchas   y nada conseguí.

Puesto que he comprobado   que mi destino es tal,
servir quise a las dueñas*,   porque no hay nada
                                             [igual,   10
y aunque comer no pueda   la pera del peral,
el sentarse a su sombra   es placer comunal[66].

[66] *Quiere decir que aunque no siempre consiga a las que desea, le complace estar junto a las mujeres.*

Muchas noblezas tiene   quien sirve a la mujer:
lozano y hablador   y sincero ha de ser;
quien bien quiera servirlas   las ha de merecer,   15
pues aunque mucho cuesta,   se alcanza gran placer.

Amor hace sutil   a quien es hombre rudo,
transforma en orador   al que antes era mudo,
quien antes fue cobarde,   después fue corajudo,
al perezoso le hace   diligente y agudo.   20

Al joven le conserva   en sana madurez,
consigue al viejo hacerle   olvidar su vejez,
hace blanco y hermoso   al negro como pez,
a quien no vale nada,   amor le da gran prez[67].

[67] **prez:** *estima, honra o consideración.*

El que está enamorado,   por muy feo que sea,   25
lo mismo que su dama,   aunque también sea fea,
para el uno y el otro   nada existe que vea
ni mejor le parezca   ni que tanto desea.

El babieca[68] y el torpe,   el que es necio o muy pobre,
a su amiga parece   muy bueno y rico hombre,   30
y más noble que el resto,   por lo cual todo hombre,
cuando pierda un amor   enseguida otro cobre.

[68] **babieca:** *persona boba y torpe.*

Puesto que aunque su signo   sea de tal natura
como es este mío,   afirma una escritura
que buen esfuerzo vence   a la mala ventura   35
y a toda pera verde   el tiempo la madura.

---

* «Dueña», del latín *domina,* «señora», parece aludir aquí a las mujeres en general. Sin embargo, con este término se aludía a las mujeres maduras, mientras que se reservaba el de doncellas para las jóvenes solteras.

Una falta le hallo   al amor poderoso,
la cual, dueñas, a vos,   yo descubrir no oso;
mas porque no digáis   que decidor medroso[69]
yo soy, os la diré: es un gran mentiroso.   40

Mas según os he dicho   en la otra conseja
quien es de por sí torpe   con amor bien semeja,
tiene por noble cosa   lo que vale una arveja[70]:
no es lo que parece,   aplica bien la oreja.

Si las manzanas siempre   tuviesen tal sabor   45
por dentro como tienen   por fuera buen color,
no habría entre las plantas   fruta de tal valor;
antes se pudren que otra,   aunque dan buen olor.

Pues así es el amor,   con su palabra llena
cualquier cosa que dice   nos parece muy buena;   50
pero no es un cantar   todo ruido que suena:
por descubriros esto,   dueñas, no tengáis pena.

Dicen que las verdades   hacen perder amigos,
y que por no decirlas   se crean enemigos;
aprended la lección   de proverbios antiguos   55
y no os fiéis nunca   de elogios de enemigos.

[69] **medroso:** *timorato, asustadizo.*

[70] **arveja:** *guisante; aquí quiere decir que vale poco.*

25

De lo que le sucedió a don Pitas Payas, pintor de Bretaña, con su mujer

(Estrofas 472-485)

Ya te lo he dicho antes,   no olvides a tu dueña,
siempre requieren uso   mujer, huerta y aceña[71],
la fiesta en soledad   no es la más halagüeña,
nunca quieren olvido: trovador nos lo enseña.

Muy cierta cosa es ésta: molino andando gana,   5
huerta mejor labrada   da la mejor manzana,
mujer muy requerida   anda siempre lozana;
si esto tienes en cuenta   no será tu obra vana.

[71] **aceña:** *molino de agua.*

101

Dejó uno a su mujer, te contaré la hazaña,
si la aprecias en poco, cuéntame otra tamaña. 10
Era don Pitas Payas un pintor de Bretaña,
casó con mujer joven que amaba la compaña.

Antes del mes cumplido dijo él: «Nostra dona*,
a Flandes volo⁷² ir, te traeré muyta dona⁷³».
Dijo ella: «Monseñer, andad en hora bona, 15
mas no olvidéis la casa ni la mía persona».

Dijo don Pitas Payas: «Señora de hermosura,
querría pintar en vos una buena figura,
para que así os guardéis de hacer una locura».
Respondió: «Monseñer, haced vuestra mesura»⁷⁴. 20

Pintó bajo su ombligo un pequeño cordero.
Marchó don Pitas Payas cual nuevo mercadero;
estuvo allá dos años, no fue algo pasajero.
Cada mes a la dama parece un año entero.

Como estaba la moza casi recién casada, 25
había con su esposo hecho poca morada;
un amante tomó y vivió acompañada,
deshízose el cordero, ya de él no queda nada.

Cuando ella se enteró que venía el pintor,
muy de prisa llamó a su nuevo amador; 30
dijo que le pintase, cual pudiese mejor,
en aquel lugar mismo un cordero menor.

Pero con la gran prisa pintole un gran carnero,
cumplido de cabeza, con todo un buen apero;
luego, al día siguiente, vino allí un mensajero: 35
que ya don Pitas Payas llegaría ligero.

Cuando el pintor por fin de Flandes ya ha venido,
con desdén por su esposa ha sido recibido;

---

⁷² **volo:** *quiero.*

⁷³ **muyta dona:** *muchos regalos*

⁷⁴ *«Haced lo que queráis.»*

* *Nostra dona:* señora mía. Para dar más verosimilitud a la situación y a los personajes en su habla introduce vocablos de la lengua hablada en Bretaña, como sucede en este caso y otros que aparecen más adelante.

cuando ya en su morada   con ella se ha metido,
la señal que pintara   no la ha echado en olvido.   40

Dijo don Pitas Payas: «Madona, si vos plaz[75],   [75] *«Señora mía,*
mostradme la figura   y tengamos solaz».   *por favor.»*
Dijo ella : «Monseñer,   vos mismo la mirad:
todo lo que queráis   hacer, hacedlo audaz».

Miró don Pitas Payas   el sabido lugar   45
y vio aquel gran carnero   con armas de prestar.
«¿Cómo, es esto, madona?   ¿Cómo puede pasar
que yo pinté corder   y encuentro este manjar?»

Como en estas cuestiones   es siempre la mujer
sutil y mal sabida,   dijo: «¿Qué, monseñer?   50
¿Petit corder, dos años,   no se ha de hacer carner?
Si vinierais más pronto,   hallaríais corder».

26

Las propiedades que tiene el dinero

(Estrofas 490-510)

Hace mucho el dinero,   y mucho se ha de amar;
al torpe hace discreto   y hombre de respetar,
hace correr al cojo   y al mudo le hace hablar;
el que no tiene manos,   bien lo quiere tomar.

Aunque un hombre sea necio   y rudo labrador,   5
el dinero le hace   hidalgo y sabedor;
cuanto más tiene uno,   tanto es más su valor;
quien no tiene dinero   no es de sí señor.

Si tuvieres dinero   tendrás consolación,   [76] **ración:** *renta*
placeres y alegrías   y del Papa ración[76],   *eclesiástica*
                                                         aneja a las
                                                         catedrales o
comprarás Paraíso,   ganarás salvación: 10   *colegiatas. Sus*
donde hay mucho dinero   hay mucha bendición.   *beneficiarios se*
                                                         llamaban
                                                         «racioneros».

Yo vi en corte de Roma   do está su Santidad
que todos al dinero   tratan con humildad,

mucha honra le hacían, con gran solemnidad; 15
todos a él se humillan como a la Majestad.

Él hace muchos priores, hace obispos y abades,
arzobispos, doctores, patriarcas, potestades[77];
a los clérigos necios dábales dignidades;
hace verdad mentiras y mentiras, verdades. 20

Hacía muchos clérigos y muchos ordenados,
muchos monjes y monjas, religiosos sagrados,
el dinero les daba por bien examinados:
a los pobres les culpan de que son iletrados.

Ganaba muchos juicios, mucha mala
[sentencia, 25
de muchos abogados era su mantenencia,
por amañar los pleitos y hacer mala avenencia;
y en fin, por el dinero se libra penitencia.

El dinero quebranta las cadenas dañosas;
rompe cepos y grillos, prisiones peligrosas; 30
al que no da dinero le ponen las esposas:
por todo el mundo hace cosas maravillosas.

Yo vi hacer maravillas donde mucho se usaba:
a muchos que merecen morir, vida les daba;
a muchos inocentes la vida les quitaba; 35
muchas almas perdía, muchas almas salvaba.

Hace perder al pobre su morada y su viña,
y sus bienes raíces y muebles desaliña;
por todo el mundo cunde su sarna y su tiña;
donde el dinero juzga, allí el ojo guiña. 40

Él hace caballeros de necios aldeanos,
condes y ricoshombres de unos cuantos villanos;
con el dinero andan los hombres muy lozanos;
cuantos hay en el mundo le besan hoy las manos.

Vi tener al dinero las mejores moradas, 45
altas y muy costosas, hermosas y pintadas;

[77] **priores... potestades:** *distintos cargos eclesiásticos.*

castillos, heredades[78]   y villas torreadas
al dinero servían   y por él son compradas.

Comía muchos manjares   de diversas naturas,
vestía nobles paños,   doradas vestiduras,   50
lucía joyas preciosas   en saraos[79] y holguras,
ornamentos extraños,   nobles cabalgaduras.

Yo he visto a muchos monjes   en sus predicaciones
denostar al dinero   y a las sus tentaciones,
pero al fin, por dinero   otorgan los perdones,   55
absuelven los ayunos   y ofrecen oraciones.

Pero aunque lo maldicen   los monjes por las plazas,
guárdanlo en el convento,   en vasijas y en tazas:
con el dinero ocultan   menguas y malas trazas;
más escondrijos tienen   que tordos y picazas.   60

Monjes, frailes y clérigos   aman a Dios servir,
mas si el rico barruntan   que está para morir
y oyen que su dinero   comienza a retañir,
por cuál de ellos lo toma   empiezan a reñir.

Allí están esperando   quién tendrá mejor tuero[80];   65
no ha muerto y «*Pater noster*» le rezan: ¡mal agüero!
Cual los cuervos al asno   le desuellan el cuero:
«Cras, cras lo llevaremos,   pues nuestro ya es por
                                                [fuero».

Toda mujer del mundo,   y hasta damas de alteza
páganse del dinero   y de mucha riqueza;   70
yo nunca vi una hermosa   que quisiera pobreza:
donde hay mucho dinero,   allí hay mucha nobleza.

El dinero es alcalde   y juez muy alabado,
es muy buen consejero   y sutil abogado,
alguacil y merino[81],   muy audaz y esforzado: 75
de todos los oficios   es muy apoderado.

En resumen te digo,   entiéndelo mejor:
el dinero es del mundo   el gran agitador,

[78] **heredades:** *posesiones, haciendas que se han transmitido por herencia.*

[79] **saraos:** *fiestas de sociedad.*

[80] **tuero:** *literalmente, «leño grueso que se pone al fondo del hogar»; en este contexto, quiere decir «parte de la herencia».*

[81] **merino:** *juez delegado del rey.*

105

señor hace del siervo, y siervo del señor;
toda cosa del mundo se hace por su amor*. 80

27

De cómo el Arcipreste fue a probar la sierra y de lo que le aconteció con la serrana

(Estrofas 950-971)

Probar todas las cosas el apóstol lo manda;
fui a probar la sierra, hice loca demanda,
perdí pronto la mula, no encontraba vianda;
el que no se conforma con pan, sin seso anda.

El mes era de marzo, día de san Meder, 5
del puerto de Lozoya fui el camino a emprender;
de nieve y de granizo no me pude esconder:
quien busca lo que tiene, lo propio ha de perder.

En lo alto del puerto me encontré en gran rebata[82]:
encontró una vaquera al lado de una mata; 10
pregúntele quién era; respondiome: «¡La Chata!
Yo soy la Chata recia, la que a los hombres ata»**.

[82] **en gran rebata:** *en gran apuro.*

---

* En el siglo XIV el dinero comienza a cobrar importancia en la economía, y ello implicaba que ya no era sólo la posesión de la tierra lo que determinaba la riqueza, sino algo que podía cambiar fácilmente de mano, lo cual abría muchas expectativas de movilidad y cambio social, como se advierte en muchos ejemplos del texto. Comienza esta sátira con un enunciado que plantea de forma escueta el tema: «hace mucho el dinero»; luego se desarrolla este principio en muchos ejemplos concretos que lo confirman y, por último, la conclusión lógica: «toda cosa del mundo se hace por su amor».
** Las serranas constituyen una réplica paródica de las pastoras refinadas que aparecían en las *pastorelas*. Y por eso mismo, el tipo de amor que representan las serranas, de una sexualidad primaria y un tanto brutal, hay que interpretarlo como el contraste burlesco de la pasión idealizada que exhibían los personajes de aquellas composiciones.

»Yo custodio este paso   y su portazgo⁸³ cojo;
a quien de grado paga,   yo no le causo enojo,
al que pagar no quiere,   muy pronto lo despojo;   15
págame, o tú verás   cómo trillan rastrojo⁸⁴».

Tapábame el camino,   pues era muy estrecho,
una vereda angosta⁸⁵   que arrieros⁸⁶ habían hecho.
Cuando me vi en apuros,   arrecido⁸⁷, maltrecho,
dije: «Amiga, sin gana   el can guarda el
                                             [barbecho.   20

»Déjame paso, amiga,   darte he joyas de sierra;
si quieres, dime cuáles   se usan en esta tierra,
pues, según dice el cuento,   quien pregunta no
                                             [yerra;
por Dios, dame posada,   pues el frío me echa en
                                             [tierra».

Respondiome la Chata: «El que pide no escoge;   25
ofréceme cualquiera,   no hagas que me enoje;
si algo me das, no temas   que la nieve te moje;
te aconsejo que aceptes   antes que te despoje».

Como dice la vieja,   cuando hila su madeja:
«Comadre, el que no puede   ya más, morir se
                                             [deja»,   30
y al hallarme aterido,   asustado y con queja,
le ofrecí alguna alhaja   y zurrón de coneja.

Echome a su pescuezo   por mis buenas respuestas,
y a mí no me importó   que me llevara a cuestas:
me libró de pasar   los arroyos y cuestas;   35
de lo que allí ocurrió   hice las coplas éstas:

Pasando una mañana
el puerto de Malangosto⁸⁸,
asaltome una serrana
apenas asomé el rostro: 40
«Desdichado, ¿dónde andas?
¿Qué buscas o qué demandas
por aqueste puerto angosto?».

⁸³ **portazgo:** *pago o impuesto por pasar un puerto o paso de montaña.*

⁸⁴ **trillar rastrojo** *quiere decir «despojar a uno de todo lo que lleva».*

⁸⁵ **vereda angosta:** *senda estrecha.*

⁸⁶ **arrieros:** *los que conducen animales de carga.*

⁸⁷ **arrecido:** *aterido, entumecido por el frío.*

⁸⁸ *Puerto de la sierra de Guadarrama, en el curso alto del Lozoya, en el camino entre Alcalá y Segovia.*

Respondile a las preguntas:
«Me dirijo a Sotos Albos[89]». 45
Dijo: «El peligro barruntas
por usar tonos tan bravos,
que por esta encrucijada,
que yo tengo bien guardada,
no pasan los hombres salvos». 50

[89] *Aldea cerca de La Granja.*

Paróseme en el sendero
la sarnosa, ruin y fea:
«A fe mía», dijo, «escudero,
que aquí me estaré yo queda[90]
hasta que algo me prometas; 55
por mucho que tú arremetas
no pasarás la vereda».

[90] **queda:** *quieta.*

Díjele: «Por Dios, vaquera,
no me estorbes mi jornada:
aparta de la carrera, 60
para ti no traje nada».
Dijo ella: «Entonces torna,
por Somosierra[91] trastorna,
que aquí no tendrás pasada».

Y la Chata, la endiablada, 65
¡que san Illán la confunda!,
arrojome la cayada,
y volteando la honda,
dijo, zumbando el pedrero:
«Por el Padre verdadero, 70
tú me pagas hoy la ronda».

[91] *Puerto del Sistema Central al norte de la provincia de Madrid.*

Había nieve y granizaba;
díjome la Chata luego,
que casi me amenazaba:
«Págame o verás qué juego». 75
Dije yo: «Por Dios, hermosa,
deciros debo una cosa,
pero que sea junto al fuego».

Dijo: «Llevarte he a mi casa
y te enseñaré el camino, 80

haré luego fuego y brasa
y te daré pan y vino;
pero, por Dios, dame algo
y te tendré por hidalgo.
¡Buena mañana te vino!». 85

Yo, con miedo y aterido,
le prometí una garnacha[92],
y ofrecí para el vestido
un prendedor y una plancha.
Dijo: «Desde ahora, amigo, 90
anda acá, vente conmigo,
no tengas miedo a la escarcha».

Cogiome fuerte la mano,
en su pescuezo me puso,
y como zurrón liviano 95
llevome la cuesta ayuso[93].
«¡Desgraciado!, no te espantes
que bien te daré qué yantes[94],
como es en la sierra al uso».

Como ligera camina, 100
pronto me llevó a su casa;
diome allí fuego de encina,
mucho conejo de caza,
buenas perdices asadas,
hogazas mal amasadas 105
y buena carne de choto.

De vino bueno un cuartillo,
manteca de vacas, mucha,
y mucho queso asadillo,
leche, natas y una trucha; 110
después me dijo: «¡Hadeduro![95],
comamos de este pan duro
y hagamos luego una lucha[96]».

Cuando el tiempo fue pasando,
me fui desentumeciendo; 115
según me iba calentando,

[92] **garnacha:** *vestido largo y de mucho abrigo.*

[93] **cuesta ayuso:** *cuesta abajo.*

[94] **yantar:** *comer.*

[95] **Hadeduro:** *desgraciado.*

[96] **hacer una lucha:** *«hacer el amor».*

así me iba sonriendo;
contemplome la pastora;
dijo: «Compañero, ahora
creo que voy entendiendo».   120
La vaqueriza, traviesa,
dijo: «Luchemos un rato;
ahora levántate apriesa
y deja a un lado ese hato».
Por la muñeca me priso,   125
tuve que hacer cuanto quiso,
y creo que me fue barato.

28

De la pelea que tuvo don Carnal con la Cuaresma

(Estrofas 1067- 1127)

Acercándose viene   un tiempo de Dios, santo;
fuime para mi tierra   a descansar un cuanto;
pasados siete días   era Cuaresma, tanto
que puso por el mundo gran miedo y gran
                                    [espanto.

[97] **trotero:** *mensajero.*

Estando yo a la mesa   con don Jueves Lardero*,   5
entregome dos cartas   un rápido trotero[97];
os diré qué decían,   mas no lo haré ligero
pues las cartas, leídas, devolví al mensajero.

«De mí, Santa Cuaresma, sierva del Salvador,
enviada por Dios   a todo pecador,   10
a todos arciprestes   y curas sin amor
salud en Jesucristo,   hasta Pascua Mayor.

---

* Se refiere al jueves anterior al carnaval. «Lardero» alude al tocino («lardo»), que se consumía en abundancia por aquellas fechas en previsión de los ayunos cuaresmales. Actualmente sigue celebrándose esta fiesta con una comilona campestre en algunos pueblos.

»Sabed que me dijeron   que hace cerca de un año
que don Carnal se muestra   muy sañudo[98] y huraño,
devastando mis tierras,   haciendo mucho daño,   15
vertiendo mucha sangre;   con gran pesar me
                                          [extraño.

»Y por esta razón,   en virtud de obediencia,
os mando firmemente,   so pena de sentencia,
que por mí y por mi Ayuno   y por mi Penitencia,
que le desafiéis   con mi carta de creencia[99].   20

»Decidle claramente   que de hoy en siete días,
la mi persona misma,   con las mis compañías,
iremos a pelear   con él y sus porfías;
temo no se detenga   en sus carnicerías». [...]*

Las cartas recibidas,   don Carnal orgulloso,   25
mostrábase esforzado,   pero estaba medroso;
no quiso dar respuesta,   vino muy presuroso
con una gran mesnada,   pues era poderoso.

Cuando llegó el día   del plazo señalado,
acudió don Carnal,   valiente y esforzado,   30
de gentes bien armadas   muy bien acompañado;
Alejandro[100] ante ellas   mostraría su agrado.

Puso en la delantera   muchos buenos peones[101]:
gallinas y perdices,   conejos y capones,
ánades[102] y lavancos   y gordos ansarones[103];   35
allí se ejercitaban,   cerca de los tizones.

Éstos traían lanzas   de peón delantero,
espetos[104] muy cumplidos   de hierro y de madero;
escudábanse todos   con el gran tajadero[105]:
en todo buen yantar   éstos vienen primero   40

---

* Además del sentido alegórico que indudablemente posee, «La batalla de don Carnal y doña Cuaresma» también puede leerse como una parodia de la poesía épica. En la mentalidad del siglo XIV, más orientada hacia los ideales burgueses, la épica, ya en plena decadencia, sólo puede tratarse desde un enfoque degradatorio o burlesco.

[98] **sañudo:** *cruel.*

[99] **carta de creencia:** *carta credencial, que acredita al que la porta.*

[100] *Se refiere a Alejandro Magno, el más famoso estratega de la Antigüedad.*

[101] **peones:** *en los ejércitos medievales, los que luchaban a pie.*

[102] **ánades y lavancos:** *dos especies de patos.*

[103] **ánsar:** *ganso.*

[104] **espeto:** *barra de hierro u otro material con el que se atraviesan las piezas que se asan al fuego.*

[105] **tajadero:** *pieza gruesa de madera sobre la que se corta la carne.*

[106] **infanzones:** *miembros de uno de los estamentos inferiores de la nobleza.*

[107] **pavón:** *pavo real.*

[108] **enhiestos los pendones:** *levantados los estandartes o banderas.*

[109] **estrado:** *tarima.*

[110] **alférez:** *oficial de baja graduación que porta la bandera;* **humil:** *en actitud sumisa.*

[111] *Literalmente, «que tocaba a menudo la trompeta», pero lo que quiere decir es que no paraba de beber de la copa que le servía su ayudante.*

[112] **de todos alguacil:** *el vino hablaba por la boca de todos porque se había apoderado de ellos, como un alguacil que apresara a los malhechores.*

112

Detrás de los citados   están los ballesteros,
los ánsares, cecinas,   costillas de carneros,
piernas de puerco fresco,   los jamones enteros;
detrás de todos estos   vienen los caballeros.
Las tajadas de vaca;   lechones y cabritos   45
que por allí saltaban   y daban grandes gritos.
Luego, los escuderos: muchos quesuelos fritos,
que dan con las espuelas   a los vinos bien tintos.
Traía una mesnada   muy rica de infanzones[106]:
muchos buenos faisanes,   los lozanos pavones[107],   50
venían muy guarnecidos,   enhiestos los pendones[108],
traían armas extrañas   y fuertes guarniciones. [...]

Como es don Carnal   muy rico emperador
y tiene por el mundo   poder como señor,
las aves y las reses   le muestran gran amor   55
y se acercan humildes,   pero tienen temor.

Estaba don Carnal   ricamente instalado,
ante una mesa llena,   en magnífico estrado[109],
de todas las viandas   hallábase sobrado;
ante él los juglares,   cual hombre muy honrado.   60

Delante de él tenía   a su alférez humil[110],
con la rodilla hincada   y en la mano el barril:
a menudo tañía   con él el añafil[111];
hablaba mucho el vino,   de todos alguacil[112].

Cuando vino la noche,   ya después de la cena,   65
cuando todos tenían   ya la talega llena,
para entrar en contienda   con la dama serena,
dormidos se quedaron   después de la hora
[buena. [...]

Hacia la medianoche,   en medio de las salas,
entró doña Cuaresma: «¡Señor, Dios, Tú me
[valgas!». 70
Dieron voces los gallos   y batieron sus alas;
a don Carnal llegaron   estas noticias malas.

Como había el buen hombre   en exceso comido
y con la mucha vianda   mucho vino bebido,
estaba muy pesado   y estaba adormecido,   75
cuando por todo el real[113]   resuena el alarido.

Todos amodorrados   fueron a la pelea;
organizan sus filas,   mas ninguno guerrea.
La tropa de la mar   bien sus armas menea
y lanzáronse a herir,   diciendo todos: «¡Ea!».   80

El primero de todos   que hirió a don Carnal
fue el puerro cuelliblanco,   y le hizo mucho mal,
le obligó a escupir flema,   esto fue gran señal;
pensó doña Cuaresma   que ya era suyo el real.

Vino luego en su ayuda   la salada sardina,   85
que hirió muy reciamente   a la gruesa gallina,
se atravesó en su pico,   ahogándola aína[114];
después a don Carnal   rompió la capellina[115]. [...]

De parte de Valencia   venían las anguilas,
abiertas y curadas,   en grandes manadillas;   90
daban a don Carnal   por entre las costillas,
las truchas del Alberche   dábanle en las mejillas. [...]

Allí andaba el atún   como un bravo león,
se enfrentó a don Tocino,   díjole gran baldón[116];
si no es por la Cecina,   que desvió el pendón,   95
diérale a don Lardón[117]   en pleno corazón.

De parte de Bayona   venían muchos cazones[118],
que mataron perdices   y castraron capones;
desde el río Henares   venían los camarones,
hasta el Guadalquivir   ponen sus
                        [tendejones[119]. [...]   100

De Santander vinieron   las bermejas langostas,
muchas saetas traen   en sus aljabas postas[120],
hacían a don Carnal   pagar todas las costas;
las plazas, que eran anchas,   parecíanle
                        [angostas[121]. [...]

[113] **real:** *campamento.*

[114] **aína:** *pronto, fácilmente.*

[115] *Le atravesó el casco.*

[116] **baldón:** *insulto, afrenta.*

[117] *Don Lardón es don Tocino.*

[118] **cazón:** *un tipo de tiburón.*

[119] **sus tendejones:** *sus tiendas de campaña.*

[120] *Este verso quiere decir que las langostas, por sus muchas antenas, parece que llevan puesta una aljaba, o funda donde los arqueros y ballesteros llevaban las flechas.*

[121] **angostas:** *estrechas.*

El pulpo a los pavones   no dejaba parar,   105
ni aun a los faisanes   permitía volar,
a cabritos y gamos   queríalos ahogar;
con tantas manos puede   con muchos pelear.

Allí luchan las ostras   con todos los conejos;
con la liebre se enfrentan   los ásperos
                                        [cangrejos;   110
de una y otra parte   se dan golpes parejos:
de escamas y de sangre   van llenos los vallejos.

Allí combate el conde   de Laredo, muy fuerte:
el congrio en salazón,   que trajo mala suerte
a don Carnal, le acosa   y le lleva a la muerte: 115
muy triste ya se encuentra,   inconsolable, inerte. [...]

Si no es por la cecina   con el grueso tocino,
que estaba ya amarillo   y rancio y mortecino,
y no podía de gordo   luchar sin el buen vino,
se encontraría aislado,   rodeado y mezquino.   120

La mesnada del mar   agrupose en tropel,
picando las espuelas   todos dieron en él;
no quisieron matarle,   tuvieron pena de él:
y con todos los suyos,   le apresan en cordel.

Trajéronlos atados,   para que no escapasen,   125
ante la vencedora,   antes que se librasen;
mandó doña Cuaresma   que a don Carnal
                                        [guardasen
y que a doña Cecina   y al Tocino colgasen.

Mandó colgarlos,   como en una atalaya,
que para descolgarlos   nadie por allí vaya.   130
Al punto los ahorcaron   en una viga de haya;
el verdugo decía: «Quien tal hizo, tal haya».

Mandó que a don Carnal   custodiase el Ayuno,
que estuviese encerrado,   que no lo vea ninguno,
si no estuviese enfermo,   o confesor alguno,   135
y que sólo comiese   al día manjar uno.

Batalla entre don Carnal y doña Cuaresma, *por Brueghel el Viejo (siglo XVI).*

29

Ejemplo del ratón de Mohernando y el ratón de Guadalajara*

(Estrofas 1370-1384)

Mur de Guadalajara　un lunes madrugaba,
y fuese a Mohernando,　por el mercado andaba;
un ratón de gran barba　recibiole en su cava[122],　　[122] *En su cueva o agujero.*
convidole a comer　ofreciéndole un haba.

En mesa pobre está　buen gesto y buena cara,　　5
poca vianda con buena　voluntad se prepara;

---

* Este texto expone, en forma de fábula, el tópico del *beatus ille,* o menosprecio de la agitada vida de la ciudad y elogio de la vida sencilla de la aldea, aunque no se desarrolla según el modelo del poeta latino Horacio.

a los pocos manjares   el placer los repara;
satisfecho quedó   el de Guadalajara.

La comida ya hecha,   el manjar acabado,
convidó el de la villa   al mur de Mohernando,   10
que si quisiera, el martes   fuese a ver su mercado,
y, como él fue suyo,   fuese él su invitado.

Fue con él a su casa   y diole mucho queso,
mucho tocino fresco,   que no estaba salpreso[123],
enjundias[124], pan cocido,   sin medida y sin
                                                [peso: 15
se sintió el aldeano   feliz con todo eso.

Manteles de buen lienzo,   una blanca talega
bien colmada de harina: el mur allí se pega;
mucha honra y regalos   su compadre le entrega,
alegría y buen rostro   con todo esto le llega.   20

Está en la mesa rica   mucha buena vianda,
a cual mejor es todo   el manjar que allí anda,
y, además, buen talante,   como el huésped
                                             [demanda;
placer y buen yantar   a cualquier hombre ablanda.

Mientras comían y holgaban,   en mitad del
                                             [yantar,   25
la puerta de la sala   empezó a resonar:
su señora la abría,   pues dentro quería entrar,
los ratones, de miedo,   huyen al verla andar.

El de Guadalajara,   veloz se ha refugiado
en su agujero, el huésped   corría de uno a otro
                                             [lado;   30
sin encontrar lugar   donde fuese amparado,
en la pared se queda,   en lo oscuro arrimado.

Cerrada ya la puerta   y pasado el temor,
estaba el aldeano   con fiebre y con temblor;
animábale el otro;   dice: «Amigo señor,   35
alégrate comiendo   de todo a tu sabor.

[123] **salpreso:** conservado en sal.
[124] **enjundias:** grasas.

»Este manjar es dulce,   sabe como la miel».
Díjole el aldeano: «Veneno yace en él;
al que teme la muerte,   el panal sabe a hiel;
para ti solo es dulce,   tú solo come de él.   40

»Para el hombre con miedo   no existe dulce cosa,
no le apetece nada,   su faz es temerosa;
con el miedo a la muerte,   ni la miel es sabrosa,
todo resulta amargo   en vida peligrosa.

»Más quiero roer un haba,   pero seguro, en paz,   45
que comer mil manjares,   con riesgo y sin solaz;
las viandas mejores,   con miedo son agraz[125],
todo es amargura   donde gran miedo yaz.

[125] **son agraz:** *son amargas.*

»No sé por qué me aguardo,   si casi aquí me mato
del miedo que he tenido,   cuando bien me lo
                                    [cato[126],   50
si cuando estaba solo,   apareciera el gato
y me alcanzara, allí   me diera muy mal rato.

[126] *«Cuando me paro a pensarlo.»*

»Tú tienes grandes casas,   pero mucha compaña,
comes muchas viandas: esto es lo que te engaña;
mejor es mi pobreza   en segura cabaña,   55
porque el hombre mal pisa   y el gato mal araña».

Con paz y bien seguro   es rica la pobreza,
al rico temeroso   le es pobre su riqueza:
siempre tiene recelo   con miedo y con tristeza;
la pobreza contenta   es segura nobleza.   60

30

Retrato del Arcipreste

(Estrofas 1484-1489)

Dijo doña Garoza: «Tengas buena ventura;
de ese Arcipreste quiero   me digas su figura,
y, tal como ella sea,   dime toda su hechura:
no respondas con burlas,   pues te hablo con cordura».

117

Diz la vieja: «Señora, yo le veo a menudo;   5
fornido tiene el cuerpo, piernas grandes, forzudo,
la cabeza no chica, velloso, pescozudo,
el cuello no muy alto, pelinegro, orejudo;

»las cejas apartadas, negras como el carbón,
el andar muy erguido, así como el pavón,   10
el paso sosegado y de buena razón,
la su nariz es larga, esto le decompón*.

»Las encías bermejas, su habla, retumbal,
la boca no pequeña, y los labios, igual,
más gruesos que delgados, rojos como el coral;   15
las espaldas muy anchas; las muñecas, tal cual.

»Ojos tiene pequeños; la piel, de oscuro trazo;
el pecho prominente y musculoso el brazo,
bien cumplidas sus piernas; el pie, chico pedazo.
Señora, no vi más: por su amor os abrazo.   20

»Es ligero, valiente y muy joven en días;
tañedor de instrumentos, experto en juglarías;
galanteador, alegre. ¡Por las zapatas mías!:
tal hombre no se encuentra, sabed, todos los días».

31

De las cualidades que tienen las mujeres pequeñas

(Estrofas 1606-1617)

---

* La descripción que se hace aquí del Arcipreste se corresponde con la del tipo sanguíneo, que, según los tratadistas antiguos, era el más propenso a las prácticas amorosas. El detalle de la nariz larga, que se sale del modelo, puede interpretarse, bien como una pincelada realista, un rasgo que correspondería efectivamente a la fisonomía de nuestro personaje, o, lo más probable, como una alusión al poeta latino Ovidio, autor del *Arte de amar,* un libro que era considerado como una guía de los enamorados y que adapta el Arcipreste en su obra, pues Ovidio se apellidaba Nasón, es decir, narigudo.

Abreviaros pretendo   esta predicación,
porque siempre gusté   de pequeño sermón
y de mujer pequeña   y de breve razón,
pues lo poco y bien dicho   queda en el corazón.

Del que mucho habla ríen,   quien mucho ríe es
                                            [loco;   5
hay en mujer pequeña   amor grande, no poco;
cambié grandes por chicas,   pero al revés no
                                            [troco[127],
quien da grande por chica   no se duele del troco.

[127] **troco:** *cambio.*

De que alabe a las chicas   el Amor me hizo ruego;
que elogie sus noblezas,   voy a decirlas luego.   10
Cosas diré de ellas   que lo tendréis por juego:
son frías como nieve,   pero arden más que el
                                            [fuego.

Son heladas por fuera,   pero en amor, ardientes;
en la cama solaz,   juguetonas, rientes,
en la casa hacendosas,   tranquilas,
                                            [complacientes;   15
veréis más cualidades   tan pronto paréis mientes.

En pequeño jacinto   se halla gran resplandor,
en azúcar muy poco   yace mucho dulzor,
en la mujer pequeña   se encuentra gran amor,
pocas palabras bastan   al buen entendedor.   20

Es muy pequeño el grano   de la buena pimienta,
pero más que la nuez   reconforta y calienta:
así mujer pequeña,   cuando en amor consienta,
no hay placer en el mundo   que en ella no se sienta.

Como en la chica rosa   está mucho color,   25
como en oro muy poco,   gran precio y gran valor,
como en bálsamo poco,   yace muy buen olor,
así, en mujer pequeña   se esconde gran amor.

Como rubí pequeño   tiene mucha bondad,
color, virtud y precio   y noble claridad,   30

Página de uno de los manuscritos del Libro de buen amor.

así mujer pequeña   tiene mucha beldad,
hermosura, donaire,   amor y lealtad.

Chica es la calandria   y chico el ruiseñor,
pero más dulce cantan   que otra ave mayor;
por eso la mujer   que es chica es la mejor: 35
en amor es más dulce   que azúcar y que flor.

Aunque son pequeñuelos   papagayo y orior[128],
cada uno es pajarillo   muy dulce trinador,
muy gracioso y hermoso,   preciado cantador:
como ellos es la dama   pequeña con amor.   40

[128] **orior:** oropéndola, ave estimada por su canto.

Para mujer pequeña   no hay comparación:
terrenal paraíso   y gran consolación,
recreo y alegría,   placer y bendición,
mejor es en la prueba   que en la salutación[129].

Siempre quise a la chica   más que a grande o
                                           [mayor;   45
huir de un mal muy grande   nunca será un error;
del mal tomar lo menos,   dícelo el sabedor;
así, de las mujeres,   es mejor la menor.

[129] *Se aprecia más su valía en la enfermedad o cualquier situación difícil que en la salud.*

Sem Tob de Carrión:
Proverbios morales

32

Quiero decir del mundo
y de las sus maneras,
y cómo de él dudo,
palabras muy certeras.

Cuando es seca la rosa,   5
y de su tiempo sale,
queda de ella el agua,
rosada, que más vale.

Por nacer en espino,
menos la rosa, es cierto,   10
no vale, ni el buen vino
por salir del sarmiento.

Ni vale el azor menos
por nacer en vil nido,
ni los ejemplos buenos   15
por decirlos judío.

En sueño, a una hermosa
una vez la besaba,

estando temerosa
de los de su posada. 20

Hallé boca sabrosa,
saliva muy templada;
nunca tan dulce cosa
fue al acabar más agria.

Cuando yo paro mientes, 25
muy alegre sería
con lo que otras gentes
son tristes cada día.

Aquel que antes no siembra
el trigo, no lo siega; 30
si no está bajo tierra,
a espiga nunca llega.

No se ha de coger rosa
sin tocar las espinas;
la miel, que es dulce cosa, 35
tiene amargas vecinas.

La paz nunca se alcanza
si no es con guerrear;
no se gana la holganza
sino con trabajar. 40

Mala es la soledad,
mas peor es compaña
del hombre sin verdad
que a los hombres engaña.

Tomar del mal lo menos* 45
y mucho de los bienes;
a los malos y buenos,
a todos les conviene.

---

* «Del mal tomar lo menos»: esta misma consideración hace el Arcipreste en el texto anterior en su peculiar elogio de la mujer pequeña. Porque los proverbios de Sem Tob, como los de otros autores coetáneos, pertenecen en general a una larga tradición.

No hay más amable cosa
que la seguridad; 50
ni hay miel más sabrosa
que la paz y amistad.

No hay caudal en el mundo
más grande que el saber,
ni de bienes, ninguno 55
como él puede haber.

El saber es la gloria
de Dios y la su gracia;
no hay tan noble joya
ni tan buena ganancia. 60

Y mejor compañero
que el libro no hallarás,
su interés verdadero
vale más que la paz.

No hay tan fuerte cosa 65
como lo es la verdad;
ni cosa más medrosa
que la deslealtad.

Cuando el alto cae,
el bajo se alza luego; 70
vida al humo trae
cuando se mata el fuego.

No hay lanza que pase
todas las armaduras,
ni que tanto traspase 75
como las escrituras.

LA POESÍA DEL SIGLO XV

ÍÑIGO LÓPEZ DE MENDOZA, MARQUÉS DE SANTILLANA

33

Serranilla* de Moncayo

Serranillas de Moncayo,
Dios os dé buen año entero,
pues de muy torpe lacayo
haríais caballero.

Ya se pasaba el verano;　　　　　　　5
al tiempo que hombre se apaña

---

* Las *serranillas* continúan, en líneas generales la línea idealista y estilizada de las *pastorelas*. Sin embargo, junto a esa visión idealizada de amor y del ambiente («en un verde prado de rosas y flores...») abundan las notas realistas, tanto en la descripción fidedigna del paisaje como en las precisas coordenadas geográficas y toponímicas. Incluso de alguna de estas composiciones, como la «Serranilla de Moncayo», se desprende un vago aroma de serrana.

[1] **a la tajaña:** *al hombro.*

[2] **Boxmediano:** *Vozmediano, pueblo de la sierra del Moncayo.*

[3] **argallo:** *ropa larga de abrigo.*

[4] **otero:** *colina, pequeña elevación del terreno.*

[5] **Dios te mantenga:** *es una fórmula de saludo.*

[6] **de buen donaire:** *de buen aspecto, gallarda, apuesta.*

[7] **payo:** *pastor, rústico, aldeano. Derivado de Pelayo. «Para san Payo» podría ser un caso de utilización cómica del santoral –hubo en realidad un santo con este nombre–, que tal vez significaría «para siempre».*

[8] *«No soy de la clase de gente con la que tratas habitualmente.»*

[9] *«Aunque me veáis vestido de esta guisa, soy*

con la ropa a la tajaña[1],
encima de Boxmediano[2]
vi serrana sin argallo[3]
andar al pie de un otero[4], 10
más clara que sale en mayo
el alba ni su lucero.

Díjele: «Dios te mantenga[5],
serrana de buen donaire»[6];
respondió, como al desgaire, 15
«¡Ay, que en buena hora venga
aquel que para San Payo[7]
de ésta irá mi prisionero!»,
y vino a mí como rayo,
diciendo: «¡Preso, montero!». 20

Díjele: «Non me matéis,
serrana, sin ser oído,
pues yo no soy del partido
de esos por quien vos lo habéis[8];
aunque me veáis tal sayo, 25
en Ágreda soy frontero[9],
y no me llaman Pelayo
aunque me veas señero»[10].

Cuando oyó lo que decía,
dijo: «Perdonad, amigo, 30
mas holgad[11] ahora conmigo
y dejad la montería;
a este zurrón que trayo
quered ser mi parcionero[12],
pues me falleció Mingayo 35
que era conmigo ovejero».

Finida[13]

«Entre Torrellas y el Fayo[14]
pasaremos el febrero.»
Díjele: «De tal ensayo,
serrana, soy placentero». 40

34

La mozuela de Bores

Mozuela de Bores,
allá do la Lama[15],
púsome de amores.

Pensé que olvidado
Amor me tenía,
como quien se había
gran tiempo dejado
de tales dolores,
que más que la llama
queman amadores.

Mas vi la fermosa
de buen continente,
la cara placiente,
fresca como rosa,
de tales colores
cual nunca vi dama
ni otra, señores.

Por lo cual, «Señora»,
le dije, «en verdad
la vuestra beldad
saldrá desde ahora
de entre estos alcores[16],
pues merece fama
de grandes loores».

Dijo: «Caballero,
echaos afuera;
dejad la vaquera
pasar al otero,
pues dos labradores
me piden, de Frama,
entrambos pastores».

el enviado del rey para guardar la frontera.» En efecto, el rey Juan II le encargó defender la frontera de Castilla por ese lugar de Soria para defenderla de las incursiones de navarros y aragoneses.

[10] *«Y no soy un rústico pastor ("Pelayo"), a pesar de hallarme solo ("señero") en la sierra.»*

[11] *«Descansad y divertíos a mi lado.»*

[12] *«Comparte conmigo lo que traigo en este zurrón.»*

[13] **finida:** *versos que forman la conclusión de algunas composiciones poéticas antiguas.*

[14] **Torrellas y El Fayo:** *dos pueblos cercanos a Tarazona, en la frontera entre Castilla y Aragón.*

[15] **Bores, La Lama, Frama:** pueblos del valle de Liébana, en Cantabria.

[16] **alcor:** colina o collado

[17] *«Junto a Espinama»*, pueblo cercano a Fuente Dé, en Cantabria.

[18] Se trata probablemente de Hinojosa del Duque, pueblo cordobés situado al norte de Sierra Morena, en la provincia de Córdoba, cerca del Calatraveño, puerto que comunica esta ciudad con los territorios de la orden de Calatrava, en la provincia de Ciudad Real. No está claro a qué lugar corresponde Santa María.

[19] **fragosa:** áspera, accidentada.

«Señora, pastor
seré, si queréis:
mandarme podéis
como a servidor: 35
mayores dulzores
será a mí la brama*
que oír ruiseñores.»

Así concluimos
el nuestro proceso 40
sin hacer exceso,
y nos avenimos;
y fueron las flores
de cabe Espinama[17]
los encubridores. 45

35

La vaquera de la Finojosa

Moza tan hermosa
no vi en la frontera
como una vaquera
de la Finojosa[18].

Haciendo la vía 5
del Calatraveño
a Santa María,
vencido del sueño,
por tierra fragosa[19]
perdí la carrera 10
do vi la vaquera
de la Finojosa.

En un verde prado
de rosas y flores,

---

* *Brama:* Berrea de ciertos animales en la época de celo. Aquí contribuye a acentuar el sentido erótico del poema, patente en el desenlace.

guardando ganado 15
con otros pastores,
la vi tan graciosa
que apenas creyera
que fuese vaquera
de la Finojosa. 20

No creo que las flores
de la primavera
sean tan hermosas
ni de tal manera.
Hablando sin glosa: 25
si antes supiera
de aquella vaquera
de la Finojosa,

no tanto mirara
su mucha beldad, 30
porque me dejara
en mi libertad.
Mas dije: «Donosa
(por saber quién era),
¿dónde es la vaquera 35
de la Finojosa?»

Bien como riendo
dijo: «Bien vengáis,
que ya bien entiendo
lo que demandáis: 40
no está deseosa
de amar, ni lo espera,
aquesta vaquera
de la Finojosa».

36

**Villancico que hizo el Marqués de Santillana
a tres hijas suyas**

Por una gentil floresta
de lindas flores y rosas,

vi a tres damas hermosas
que de amores han recuesta[20].
Yo, con voluntad muy presta,
me llegué a conocellas.
Comenzó la una de ellas
esta canción tan honesta:
Aguardan a mí;
nunca tales guardas vi.

Por mirar su hermosura
de estas tres gentiles damas,
yo cubrime con las ramas,
metime so la verdura.
La otra con gran tristeza
comenzó a suspirar
y decir este cantar
con muy honesta mesura:
La niña que los amores ha,
sola ¿cómo dormirá?

Por no les hacer turbanza[21]
no quise ir más adelante
a las que con ordenanza[22]
cantaban tan consonante[23].
La otra con buen semblante
dijo: «Señoras de estado,
pues las dos habéis cantado,
a mí conviene que cante:
Dejad que el villano pene:
que Dios me vengue de él».

Cuando hubieron cantado
estas señoras que digo,
yo salí desconsolado,
como hombre sin abrigo.
Ellas dijeron: «Amigo,
no sois vos el que buscamos,
mas cantad, pues que cantamos».
Dije este cantar antiguo:
Suspirando iba la niña
y no por mí,
que yo bien se lo entendí.

---

[20] **recuesta:** requerimiento.

[21] «*Por no molestarlas o inquietarlas.*»

[22] **ordenanza:** armonía.

[23] **consonante:** de manera que las voces oídas simultáneamente producían un efecto agradable.

37

La comedieta de Ponza

Habla la señora infanta doña Catalina quejándose de la Fortuna, y loa los oficios bajos y serviles

[...]
«Benditos aquellos que con el azada*
sustentan su vida y viven contentos,
y de cuando en cuando conocen morada,
y sufren pacientes las lluvias y vientos,
pues éstos no temen los sus movimientos[24],   5
ni saben las cosas del tiempo pasado,
ni de las presentes se hacen cuidado,
ni las venideras do han nacimientos.

»Benditos aquellos que siguen las fieras
con las gruesas redes y canes ardidos[25],   10
y saben las trochas[26] y las delanteras[27],
y hieren con arco en tiempos debidos,
pues éstos por saña no son conmovidos,
ni vana codicia los tiene sujetos;
no quieren tesoros ni sienten defectos,   15
ni turban temores sus libres sentidos.

»Benditos aquellos que, cuando las flores
se muestran al mundo, engañan las aves,
y huyen de las pompas y vanos honores,
y alegres escuchan sus cantos suaves.   20
Benditos aquellos que en pequeñas naves
siguen los pescados con pobres traínas[28],
pues éstos no temen las lides[29] marinas,
ni cierra sobre ellos Fortuna sus llaves»[30].

[24] *Se refiere a los de la rueda de la Fortuna.*

[25] **ardidos:** *valientes.*

[26] **trochas:** *sendas o veredas de montaña.*

[27] **delanteras:** *atajos.*

[28] **traínas:** *redes.*

[29] **lides:** *luchas; aquí, dificultades o peligros de la navegación.*

[30] *Ni se ensaña la Fortuna con ellos.*

---

* Este texto contiene una de las primeras versiones en castellano del tópico clásico del *beatus ille*, según el modelo establecido por el poeta latino Horacio.

131

JORGE MANRIQUE
COPLAS A LA MUERTE DE SU PADRE

38

(I)

[31] **Recuerde:** despierte, reflexione.	Recuerde[31] el alma dormida, avive el seso y despierte contemplando cómo se pasa la vida, cómo se viene la muerte 5 tan callando; cuán presto se va el placer,
[32] **acordado:** recordado.	cómo, después de acordado[32], da dolor; cómo, a nuestro parecer, 10 cualquiera tiempo pasado fue mejor.

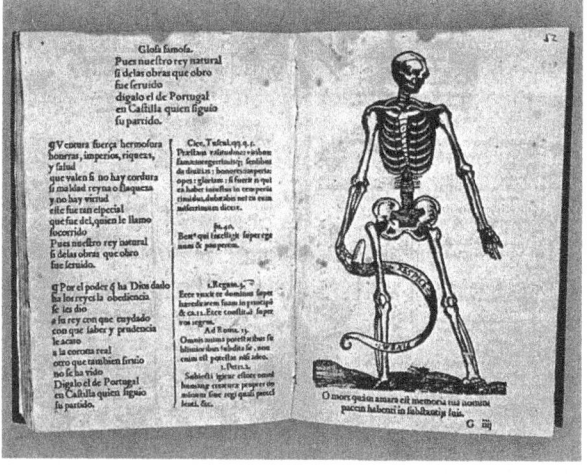

Página de una edición de las Coplas impresa en el siglo XVI.

(II)

Pues si vemos lo presente
cómo en un punto se es ido
y acabado,   15
si juzgamos sabiamente,
daremos lo no venido
por pasado.
No se engañe nadie, no,
pensando que ha de durar   20
lo que espera
más que duró lo que vio,
pues que todo ha de pasar
por tal manera.

(III)

Nuestras vidas son los ríos   25
que va a dar en la mar,
que es el morir;
allí van los señoríos
derechos a se acabar
y consumir;   30
allí los ríos caudales,
allí los otros medianos
y más chicos*;
allegados son iguales
los que viven por sus manos   35
y los ricos.

(IV)

Dejo las invocaciones
de los famosos poetas

---

* En las enumeraciones, Manrique sigue siempre un orden descendente («caudales, medianos, chicos»), relacionado con la visión jerarquizada de la sociedad propia de la época.

y oradores;
no curo de sus ficciones, 40
que traen hierbas secretas
sus sabores*;
a Aquél sólo me encomiendo,
a Aquél sólo invoco yo
de verdad, 45
que en este mundo viviendo
el mundo no conoció
su deidad.

(V)

Este mundo es el camino
para el otro, que es morada 50
sin pesar;
mas cumple tener buen tino
para andar esta jornada
sin errar;
partimos cuando nacemos, 55
andamos mientras vivimos,
y llegamos
al tiempo que fenecemos;
así que cuando morimos,
descansamos**. 60

(VI)

Este mundo bueno fue
si bien usásemos de él
como debemos,

---

* El poeta no invoca a las musas, como hacían los antiguos; esa costumbre, basada en una creencia pagana y, por lo tanto, falsa («ficciones») le parece a Jorge Manrique un veneno escondido («hierbas secretas»), que debe evitar un poeta cristiano como él, que sólo debe encomendarse a Jesús.
** El número 3 se halla presente, como elemento organizativo esencial, en muchos lugares de las *Coplas:* «partimos», «andamos», «llegamos»; «nacemos», «vivimos», «morimos».

porque, según nuestra fe,
es para ganar aquél 65
que atendemos.
Aun aquel hijo de Dios,
para subirnos al cielo,
descendió
a nacer acá entre nos, 70
y a vivir en este suelo,
do murió.

(VII)

Si fuese nuestro poder
hacer la cara hermosa
corporal, 75
como podemos hacer
el alma tan glorïosa,
angelical,
¡qué diligencia tan viva
tuviéramos toda hora, 80
y tan presta,
en componer la cautiva,
dejándonos la señora
descompuesta!*.

(VIII)

Ved de cuán poco valor 85
son las cosas tras que andamos
y corremos,
que en este mundo traidor,
aun primero que muramos
las perdemos. 90
De ellas[33] deshace la edad,

[33] **De ellas:** *algunas de ellas*.

* Recrimina Manrique a quienes atienden más a la belleza corporal («la cautiva»: sierva o esclava), siendo menos importante que la del alma, «la señora».

[34] *Desgracias producidas por las caídas bruscas de fortuna.*

de ellas casos desastrados[34]
que acaecen,
de ellas, por su calidad,
en los más altos estados 95
desfallecen*.

(IX)

Decidme: la hermosura,
la gentil frescura y tez
de la cara,
la color y la blancura, 100
cuando viene la vejez,
¿cuál se para?
Las mañas y ligereza
y la fuerza corporal
de juventud, 105
todo se torna graveza
cuando llega el arrabal
de senectud.

(X)

Pues la sangre de los godos,
y el linaje y la nobleza 110
tan crecida,
¡por cuántas vías y modos
se pierde su gran alteza
en esta vida![35].
Unos por poco valer, 115
por cuán bajos y abatidos
que los tienen
otros que, por no tener,
con oficios no debidos
se mantienen. 120

[35] *Hasta la nobleza de los godos, la más antigua y preciada, puede venirse abajo.*

---

* Quiere decir que la condición («la calidad») de algunos bienes terrenales es tan frágil y caduca que ni siquiera están a salvo los que tienen una privilegiada posición social («los más altos estados»).

Uno de los lugares comunes que recoge Jorge Manrique del pensamiento sobre la muerte en el siglo XV es la idea de la inestabilidad de la Fortuna. *Página del* Libro de la buena y mala suerte, *del siglo XV, en el que se representa la rueda de la Fortuna.*

(XI)

Los estados y riqueza,
que nos dejan a deshora
¿quién lo duda?;
no les pidamos firmeza
pues que son de una señora
que se muda:

[36] **huesa:** *fosa, sepultura.*

que bienes son de Fortuna
que revuelve con su rueda
presurosa,
la cual no puede ser una   130
ni estar mudable ni queda
en una cosa*.

(XII)

Pero digo que acompañen
y lleguen hasta la huesa[36]
con su dueño;   135
por eso no nos engañen,
que se va la vida apriesa
como sueño;
y los deleites de acá
son, en que nos deleitamos,   140
temporales,
y los tormentos de allá,
que por ellos esperamos,
eternales.

(XIII)

Los placeres y dulzores   145
de esta vida trabajada,
que tenemos,
no son sino corredores,
y la muerte, la celada**
en que caemos.   150
No mirando a nuestro daño,
corremos a rienda suelta

---

* El tópico de la «Fortuna mudable» está presente en toda la literatura moral de la Edad Media.
** Una celada es una trampa o emboscada. El símil de la muerte con algunas operaciones militares, con las que Manrique, por su condición de guerrero, estaría familiarizado, se repetirá más adelante (estrofa XXIV).

sin parar;
desque vemos el engaño
y queremos dar la vuelta   155
no hay lugar.

(XIV)

Esos reyes poderosos
que vemos por escrituras
ya pasadas,
con casos tristes, llorosos,   160
vieron sus buenas venturas
trastornadas;
así que no hay cosa fuerte,
que a papas y emperadores
y prelados,   165
así los trata la Muerte
como a los pobres pastores
de ganados.

(XV)

Dejemos a los troyanos,
que sus males no los vimos,   170
ni sus glorias,
dejemos a los romanos,
aunque oímos y leímos
sus historias;
no curemos de saber   175
lo de aquel siglo pasado[37]
qué fue de ello;
vengamos a lo de ayer,
que también es olvidado
como aquello.   180

[37] *«Aquella época remota.»*

(XVI)

¿Qué se hizo el rey don Juan?
Los infantes de Aragón

[38] «*Tantos lujos y novedades.*»

[39] **devaneos:** *cosas sin importancia, frivolidades.*

[40] *Hierbas que crecen en las eras y que con el calor del verano se secan enseguida.*

[41] **justas y torneos:** *combates deportivos entre caballeros.*

[42] **paramentos y bordaduras:** *adornos y aderezos que se ponían a los caballos en los torneos.*

[43] **cimeras:** *penachos de plumas u otros adornos que se colocaban en el yelmo o casco de los caballeros.*

[44] **tocados:** *prendas con que las mujeres se cubrían la cabeza. También puede aludir al peinado u otros adornos.*

[45] «*Músicas armoniosas.*»

¿qué se hicieron?*.
¿Qué fue de tanto galán,
qué de tanta invención[38]   185
que trajeron?
¿Fueron sino devaneos?[39]
¿Qué fueron sino verduras
de las eras[40],
las justas y los torneos[41],   190
paramentos, bordaduras[42]
y cimeras?[43].

(XVII)

¿Qué se hicieron las damas,
sus tocados[44] y vestidos,
sus olores?   195
¿Qué se hicieron las llamas
de los fuegos encendidos
de amadores?
¿Qué se hizo aquel trovar,
las músicas acordadas[45]   200
que tañían?
¿Qué se hizo aquel danzar,
aquellas ropas chapadas[46]
que traían?**.

(XVIII)

Pues el otro, su heredero,   205
don Enrique[47], ¡qué poderes
alcanzaba!
¡Cuán blando, cuán halaguero,

---

* Se refiere a Juan II de Castilla y a los hijos de don Fernando de Antequera, rey de Aragón, todos ellos contemporáneos de Jorge Manrique.

** Estas dos últimas estrofas desarrollan el tópico clásico del *ubi sunt*, muy apropiado para expresar la precariedad de la vida y los bienes mundanos.

el mundo con sus placeres
se le daba!
Mas verás cuán enemigo,
cuán contrario, cuán cruel
se le mostró;
habiéndole sido amigo,
¡cuán poco duró con él
lo que le dio!

(XIX)

Las dádivas desmedidas,
los edificios reales
llenos de oro,
las vajillas tan fabridas[48],
los enriques[49] y reales
del tesoro,
los jaeces, los caballos
de sus gentes y atavíos
tan sobrados,
¿dónde iremos a buscallos?,
¿qué fueron sino rocíos
de los prados?[50].

(XX)

Pues su hermano el inocente[51],
que en su vida sucesor
le hicieron,
¡qué corte tan excelente
tuvo y cuánto gran señor
le siguieron!
Mas, como fuese mortal,
metiole la Muerte luego
en su fragua.
¡Oh juïcio divinal,
cuando más ardía el fuego,
echaste agua!

[46] *Recubiertas con láminas o bordados de metales preciosos.*

[47] *Enrique IV, hijo de Juan II y hermano de Isabel la Católica.*

[48] **fabridas:** *labradas.*

[49] **enrique:** *moneda de oro equivalente a una dobla, acuñada por Enrique IV de Castilla.*

[50] *El rocío de los prados (como la verdura de las eras) quiere significar la fugacidad de los bienes mundanos, porque el sol lo evapora pronto.*

[51] *Alude a don Alfonso, hermano de Enrique IV, que, aceptado como rey por una parte la nobleza castellana, murió al poco tiempo.*

(XXI)

Pues aquel gran Condestable*,
maestre que conocimos
tan privado,
no cumple que de él se hable,
mas sólo cuando le vimos   245
degollado.
Sus infinitos tesoros,
sus villas y sus lugares,
su mandar,
¿qué le fueron sino lloros?,   250
¿qué fueron sino pesares
al dejar?

(XXII)

Y los otros dos hermanos,
maestres tan prosperados
como reyes[52],   255
que a los grandes y medianos
trajeron tan sojuzgados
a sus leyes;
aquella prosperidad
que tan alto fue subida   260
y ensalzada,
¿qué fue sino claridad
que cuando más encendida
fue matada?

(XXIII)

Tantos duques excelentes,   265
tantos marqueses y condes

[52] *Juan Pacheco y Pedro Girón, validos de Enrique IV.*

---

* Se refiere a don Álvaro de Luna, valido de Juan II. Una de las personas más poderosas de la Castilla de la época; cuando perdió el favor real, fue ejecutado. Fue durante mucho tiempo uno de los ejemplos más mencionados de cambio cruel de fortuna.

y barones*
como vimos tan potentes,
di, Muerte, ¿dó los escondes
y traspones?   270
Y las sus claras hazañas
que hicieron en las guerras
y en las paces,
cuando tú, cruda, te ensañas,
con tu fuerza las atierras⁵³   275   ⁵³ **atierras:**
y deshaces.   *derribas, abates.*

(XXIV)

Las huestes innumerables,
los pendones, estandartes
y banderas,
los castillos impugnables,   280
los muros y baluartes
y barreras,
la cava⁵⁴ honda, chapada,   ⁵⁴ **cava:** *foso.*
o cualquier otro reparo⁵⁵,
¿qué aprovecha?   285   ⁵⁵ **reparo:**
Cuando tú vienes airada,   *aquí, defensa o*
todo lo pasas de claro   *fortificación.*
con tu flecha.

(XXV)

Aquél de buenos abrigo,
amado por virtuoso   290
de la gente,
el maestre don Rodrigo
Manrique, tanto famoso
y tan valiente;
sus hechos grandes y claros   295
no cumple que los alabe,

---

* Obsérvese el riguroso orden jerárquico con que se mencionan estos títulos nobiliarios.

[56] «Encarecer, alabar en exceso.»

pues los vieron,
no los quiero hacer caros[56],
pues que el mundo todo sabe
cuáles fueron. 300

(XXVI)

Amigo de sus amigos,
¡qué señor para criados
y parientes!
¡Qué enemigo de enemigos!
¡Qué maestro de esforzados 305
y valientes!
¡Qué seso para discretos!
¡Qué gracia para donosos!
¡Qué razón!
¡Qué benigno a los sujetos! 310
¡A los bravos y dañosos,
qué león!

[57] **Octaviano:** Octavio Augusto, sobrino de César y primer emperador de Roma. Salvo Aníbal, famoso general cartaginés que derrotó varias veces a los romanos, y Africano (Escipión), el resto de los personajes nombrados en las estrofas XXVII y XXVIII son emperadores de Roma que destacaron por las cualidades que se les atribuyen en el texto.

[58] **liberalidad:** generosidad.

(XXVII)

En ventura, Octaviano[57];
Julio César en vencer
y batallar; 315
en la virtud, Africano;
Aníbal en el saber
y trabajar;
en la bondad, un Trajano;
Tito en liberalidad[58] 320
con alegría;
en su brazo, Aureliano;
Marco Atilio en la verdad
que prometía.

(XXVIII)

Antonio Pío en clemencia; 325
Marco Aurelio en igualdad

del semblante;
Adriano en la elocuencia;
Teodosio en humanidad
y buen talante.   330
Aurelio Alejandro fue
en disciplina y rigor
de la guerra;
un Constantino en la fe,
Camilo en el gran amor   335
de su tierra.

(XXIX)

No dejó grandes tesoros,
ni alcanzó muchas riquezas
ni vajillas;
mas hizo guerra a los moros,   340
ganando sus fortalezas
y sus villas;
y en las lides que venció,
cuántos moros y caballos
se perdieron;   345
y en este oficio ganó
las rentas y los vasallos
que le dieron.

(XXX)

Pues por su honra y estado,
en otros tiempos pasados   350
¿cómo se hubo?
Quedando desamparado,
con hermanos y criados
se sostuvo.
Después que hechos famosos   355
hizo en esta misma guerra
que hacía,
hizo tratos tan honrosos
que le dieron aun más tierra
que tenía.   360

Grabado de la época en el que la muerte llama a los humanos a su siniestra danza.

(XXXI)

Estas sus viejas historias
que con su brazo pintó
en juventud,
con otras nuevas victorias
ahora las renovó

en senectud.
Por su gran habilidad,
por méritos y ancianía
bien gastada,
alcanzó la dignidad   370
de la gran Caballería
de la Espada[59].

[59] *Se refiere a la Orden de Santiago, de la que fue elegido maestre en 1474. Su distintivo era una cruz roja en forma de espada.*

(XXXII)

Y sus villas y sus tierras
ocupadas de tiranos
las halló;   375
mas por cercos y por guerras
y por fuerza de sus manos
las cobró.
Pues nuestro rey natural,
si de las obras que obró,   380
fue servido,
dígalo el de Portugal
y en Castilla quien siguió
su partido.

(XXXIII)

Después de puesta su vida   385
tantas veces por su ley
al tablero[60];
después de tan bien servida
la corona de su rey
verdadero;   390
después de tanta hazaña
a que no puede bastar
cuenta cierta,
en la su villa de Ocaña
vino la muerte a llamar   395
a su puerta,

[60] *Es decir, «después de jugarse la vida tantas veces por defender sus convicciones».*

(XXXIV)

diciendo*: «Buen caballero,
dejad el mundo engañoso
y su halago;
vuestro corazón de acero 400
muestre su esfuerzo famoso
en este trago;
y pues de vida y salud
hicisteis tan poca cuenta
por la fama, 405
esfuércese la virtud
para sufrir esta afrenta
que os llama.

(XXXV)

»No se os haga tan amarga
la batalla temerosa 410
que esperáis,
pues otra vida más larga
de la fama glorïosa
acá dejáis;
aunque esta vida de honor 415
no es tampoco eternal
ni verdadera,
mas con todo, es muy mejor
que la otra temporal,
perecedera. 420

---

* La imagen de la Muerte, atenta y respetuosa con el maestre, contrasta vivamente con la que predominaba en la literatura y la iconografía medievales, en las que se representaba como una figura espantosa y repulsiva, cruel e implacable. La introducción de la figura de la Muerte amable es un gran acierto de Jorge Manrique, cuyo eco podemos encontrar, por ejemplo, en *La dama del alba*, del dramaturgo Alejandro Casona.

(XXXVI)

»El vivir que es perdurable
no se gana con estados
mundanales,
ni con vida deleitable
donde moran los pecados   425
infernales;
mas los buenos religiosos
gánanlo con oraciones
y con lloros;
los caballeros famosos,   430
con trabajos y aflicciones
contra moros.

(XXXVII)

»Y pues vos, claro varón,
tanta sangre derramaste
de paganos,   435
esperad el galardón
que en este mundo ganaste
por las manos;
y con esta confianza
y con la fe tan entera   440
que tenéis,
partid con buena esperanza,
que estotra vida tercera
ganaréis*».

(XXXVIII)

(Habla el maestre)
«No tengamos tiempo ya   445
en esta vida mezquina
por tal modo,
que mi voluntad está

---

* La vida eterna. Las otras dos son la terrenal y la de la fama, ya aludidas arriba.

conforme con la divina
para todo; 450
y consiento en mi morir
con voluntad placentera,
clara y pura,
que querer hombre vivir,
cuando Dios quiere que muera, 455
es locura».

(XXXIX)

(El maestre se dirige a Jesús)
«Tú, que por nuestra maldad
tomaste forma servil
y bajo nombre;
Tú que a tu divinidad 460
juntaste cosa tan vil
como es el hombre;
Tú, que tan grandes tormentos
sufriste sin resistencia
en tu persona, 465
no por mis merecimientos,
mas por tu sola clemencia
me perdona».

(XL)

Así, con tal entender,
todos sentidos humanos 470
conservados,
cercado de su mujer,
y de sus hijos y hermanos
y criados,
dio el alma a quien se la dio 475
(el cual la ponga en el cielo
en su gloria),
que, aunque la vida perdió,
dejonos harto consuelo
su memoria. 480

El Romancero viejo o tradicional

Romances épicos

Ciclo de don Rodrigo y la pérdida de España

Este ciclo desarrolla la leyenda surgida en torno a la figura del último rey visigodo, don Rodrigo, que desapareció en la batalla de Guadalete tras ser derrotado por los ejércitos árabes de Muza-ben-Nosayr, que habían invadido España en el año 711. Al parecer, Muza fue ayudado por los hijos de Witiza, el anterior rey de los godos, que pretenderían así vengar a su padre (según ellos, derrocado injustamente por Rodrigo) y recuperar lo que estimaban que les pertenecía. Éstos son los datos objetivos y más o menos contrastados. Pero la leyenda, como siempre, trata de dar una explicación más novelesca y fantástica de los acontecimientos históricos. Así, se supone que toda esta tragedia la desencadenó con su comportamiento el propio don Rodrigo, quien, atraído por la belleza de Florinda (llamada también la Cava), hija de don Julián, gobernador de Ceuta, y ante la negativa de ésta a satisfacer su deseo, la violó. Para vengar esta afrenta, don Julián habría pactado con Muza la invasión de la Península con el objeto de expulsar a don Rodrigo del trono, invasión que habría facilitado desde su puesto de gobernador de una ciudad estratégica como Ceuta, desde la que se domina una de las orillas del estrecho de Gibraltar. Según la leyenda, don Rodrigo no murió en la batalla, sino que habría conseguido huir, pero el gran remordimiento que sentía por haber sido el causante de una desgracia tan inmensa le llevó a buscar una penitencia acorde con su culpa, penitencia que le impone un ermitaño después de perdonarle por indicación divina.

39

Don Rodrigo y la Cava

De una torre de palacio
se salió por un postigo
la Cava con sus doncellas
con gran fiesta y regocijo.
Metiéronse en un jardín   5
cerca de un espeso umbrío
de jazmines y arrayanes[1],
de pámpanos y racimos.
Junto a una fuente que vierte
por seis caños de oro fino   10
cristal y perlas sonoras
entre espadañas[2] y lirios,
reposaron las doncellas
buscando solaz y alivio
al fuego de mocedad   15
y a los ardores de estío.
Daban al agua sus brazos,
y tentada de su frío,
fue la Cava la primera
que desnudó sus vestidos.   20
En la sombreada alberca
su cuerpo brilla tan lindo
que al de todas las demás
como sol ha oscurecido.

[1] **arrayán:** *arbusto decorativo de flores azuladas y olorosas.*

[2] **espadaña:** *planta herbácea con hojas alargadas y en forma de espada.*

Pensó la Cava estar sola, 25
pero la ventura quiso
que entre unas espesas hiedras
la mirara el rey Rodrigo.
Puso la ocasión el fuego
en el corazón altivo, 30
y amor, batiendo sus alas,
abrasole de improviso.
De la pérdida de España
fue aquí funesto principio
una mujer sin ventura 35
y un hombre de amor rendido.
Florinda perdió su flor,
el rey padeció el castigo;
ella dice que hubo fuerza,
él que gusto consentido. 40
Si dicen quién de los dos
la mayor culpa ha tenido,
digan los hombres: la Cava,
y las mujeres: Rodrigo.

40

La traición del conde don Julián

En Ceuta está don Julián,
en Ceuta la bien nombrada:
para las partes de allende[3]
quiere enviar su embajada;
moro viejo la escribía, 5
y el conde se la notaba[4];
después que la hubo escrito
al moro luego matara.
Embajada es de dolor,
dolor para toda España. 10
Las cartas van al rey moro,
en las cuales le juraba
que si de él recibe ayuda
le dará por suya a España.
Madre España, ¡ay de ti!, 15

[3] *«De allá»*, *«del otro lado»*. *Aquí se refiere a las tierras de moros.*

[4] **notaba:** *dictaba.*

en el mundo tan nombrada,
de las tierras la mejor,
la más apuesta y ufana[5],
donde nace el oro fino,
donde hay veneros de plata, 20
abundosa de venados,
y de caballos lozana,
briosa de lino y seda,
de óleo rico alumbrada,
deleitosa de frutales, 25
en azafrán alegrada,
guarnecida de castillos,
y en proezas extremada;
por un perverso traidor
toda serás abrasada. 30

[5] **ufana:** *arrogante, alegre, satisfecha.*

41

El reino perdido

Las huestes de don Rodrigo
desmayaban y huían
cuando en la octava batalla
sus enemigos vencían.
Rodrigo deja sus tiendas 5
y del real se salía,
solo va el desventurado,
sin ninguna compañía;
el caballo, de cansado,
ya moverse no podía, 10
camina por donde quiere
sin que él le estorbe la vía.
El rey va tan desmayado
que el sentido no tenía;
muerto va de sed y hambre, 15
que verle era gran mancilla;
iba tan tinto de sangre
que una brasa parecía.
Las armas lleva abolladas,

que eran de gran pedrería; 20
la espada lleva hecha sierra
de los golpes que tenía;
el almete[6] de abollado
en la cabeza se hundía;
la cara llevaba hinchada 25
del trabajo que sufría.
Subiose encima de un cerro,
el más alto que veía;
desde allí mira su gente
cómo iba de vencida; 30
de allí mira sus banderas
y estandartes que tenía,
cómo están todos pisados
que la tierra los cubría;
mira por los capitanes, 35
que ninguno aparecía;
mira el campo tinto en sangre,
la cual arroyos corría.
Él, triste de ver aquesto,
gran mancilla[7] en sí tenía, 40
llorando de los sus ojos
de esta manera decía:
«Ayer era rey de España,
hoy no lo soy de una villa;
ayer villas y castillos, 45
hoy ninguno poseía;
ayer tenía criados
y gente que me servía,
hoy no tengo ni una almena
que pueda decir que es mía. 50
¡Desdichada fue la hora,
desdichado fue aquel día
en que nací y heredé
la tan grande señoría,
pues lo había de perder 55
todo junto y en un día!»*.

[6] **almete:** *pieza de la armadura antigua que cubría la cabeza.*

[7] **mancilla:** *lástima.*

---

* Aquí tenemos uno de los «casos desastrados» más representativos, un cambio cruel de la fortuna, tanto personal como colectivo, pues aunque el rey don Rodrigo sólo se la-

¡Oh muerte!, ¿por qué no vienes
y llevas esta alma mía
de aqueste cuerpo mezquino,
pues se te agradecería?». 60

42

La penitencia del rey Rodrigo

Después que el rey don Rodrigo
a España perdido había,
íbase desesperado
huyendo de su desdicha;
solo va el desventurado, 5
no quiere otra compañía
que la del mal de la muerte
que en su seguimiento iba:
métese por las montañas,
las más espesas que veía. 10
Topado ha con un pastor
que su ganado traía;
díjole: «Dime, buen hombre,
lo que preguntar quería:
si hay por aquí monasterio 15
o gente de clerecía».
El pastor respondió luego
que en balde lo buscaría,
porque en todo aquel desierto
una sola ermita había, 20
donde estaba un ermitaño
que hacía muy santa vida.
El rey fue alegre de esto
por allí acabar su vida;
pidió al hombre que le diese 25
de comer si algo tenía,
que las fuerzas de su cuerpo

---

mente por su caso particular, supone también la caída del poder de los godos, «de nobleza tan crecida», y la pérdida de España.

del todo desfallecían.
El pastor sacó un zurrón
en donde su pan traía;
diole de él y de un tasajo[8]
que acaso allí echado había;
el pan era muy moreno,
al rey muy mal le sabía;
las lágrimas se le salen,
detener no las podía,
acordándose en su tiempo
los manjares que comía.
Después que hubo descansado,
por la ermita le pedía;
el pastor le enseñó luego
por donde no erraría[9];
el rey le dio una cadena
y un anillo que traía;
joyas de muy gran valor
que el rey en mucho tenía.
Comenzando a caminar,
ya cerca el sol se ponía,
a la ermita hubo llegado
en muy alta serranía.
Encontrose al ermitaño,
más de cien años tenía.
«El desdichado Rodrigo
yo soy, que rey ser solía,
el que por yerros[10] de amor
tiene su alma perdida,
por cuyos negros pecados
toda España es destruida.
Por Dios te ruego, ermitaño,
por Dios y santa María,
que me oigas en confesión
porque finar[11] me quería.»
El ermitaño se espanta
y con lágrimas decía:
«Confesar, confesarte,
absolverte no podría».
Estando en estas razones
voz de los cielos se oía:

[8] **tasajo:** *carne curada o en salazón.*

[9] *«Por donde no se equivocaría.»*

[10] **yerros:** *pecados.*

[11] **finar:** *morir.*

«Absuélvelo, confesor*,
absuélvelo, por tu vida, 70
y dale la penitencia
en su sepultura misma».
Según le fue revelado
por obra el rey lo ponía.
Metiose en la sepultura 75
que a par de la ermita había;
dentro duerme una culebra,
mirarla espanto ponía:
tres roscas daba a la tumba,
siete cabezas tenía. 80
«Ruega por mí, ermitaño,
por que acabe bien mi vida.»
El ermitaño lo esfuerza[12],
con la losa lo cubría,
rogaba a Dios a su lado 85
todas las horas del día.
«¿Cómo te va, penitente,
con tu fuerte compañía?»
«Ya me come, ya me come,
por do más pecado había, 90
en derecho al corazón,
fuente de mi gran desdicha.»
Las campanicas del cielo
sones hacen de alegría;
las campanas de la tierra 95
ellas solas se tañían;
el alma del penitente
para los cielos subía.

[12] *«Le da ánimos.»*

ROMANCES DEL CICLO DE LOS INFANTES DE LARA

Los romances de este ciclo derivan de un cantar de gesta perdido que contaba la trágica historia, al pa-

---

* La intervención divina para que el rey don Rodrigo sea perdonado quizá haya que entenderla también como un anuncio de apoyo a la causa de la Reconquista, que legitimaría el retorno de los godos al gobierno de España.

recer basada en sucesos reales, de los siete infantes de Lara (o de Salas), hijos de Gonzalo Gustioz y doña Sancha. Relata esta historia cómo durante las bodas de Ruy Velázquez, tío de los infantes, con doña Lambra, se producen algunos altercados entre algunos allegados de ésta y los infantes de Lara, por lo que doña Lambra, que se sintió gravemente ofendida, le exige a su marido que se tome cumplida venganza de los infantes. Para satisfacer a su mujer, Ruy Velázquez envía a Córdoba al padre de éstos con una carta sellada dirigida a Almanzor, en la que le propone que colabore con él para tenderles una trampa mortal a los infantes de Lara, al tiempo que le pedía que diese muerte al portador de esa carta. Almanzor, sin embargo, le perdona la vida a Gonzalo Gustioz, aunque le hace encerrar en una mazmorra. Para cumplir su parte del trato Almanzor envía a Castilla un gran ejército, mientras que, por su parte, Ruy Velázquez se hace acompañar de los infantes de Lara para presentarle batalla. Antes de dirigirse al combate, los infantes, acompañados de su ayo, Nuño Salido, consultan los agüeros (que consistían en tratar de adivinar el porvenir mediante la observación del vuelo de las aves), y a pesar de que no les son favorables, se disponen a la lucha. Pero en el momento más duro de la contienda, Ruy Velázquez y los suyos abandonan el campo de batalla, dejando a sus sobrinos a merced del ejército árabe, mucho más numeroso. Tras una heroica y desigual lucha, mueren los infantes y su ayo, y allí mismo les cortan las cabezas para llevarlas a Córdoba. Almanzor hace salir de su prisión a Gonzalo Gustioz y le entrega el saco con tan macabro contenido. El padre, con gran pena, va sacando las cabezas, mientras va haciendo un elogio de cada uno de sus hijos y del ayo. Compadecido del anciano, Almanzor le envía a una hermana suya para que le alivie de su penosa situación y, al cabo de un tiempo tienen un hijo, al que llaman Mudarra. Gonzalo Gustioz le cuenta cómo sus hermanos fueron alevosamente traicionados por Ruy Velázquez y Mudarra asume la obligación de vengarlos. Cuando se hace mayor parte hacia Castilla para cumplir su juramento, y no tarda en encontrar a Ruy Velázquez, matándole al punto, tras de lo cual hace quemar viva a doña Lambra.

43

Bodas de doña Lambra y don Rodrigo de Lara

[13] *Se trata de un anacronismo, porque esta fortaleza fue conquistada muchos años después.*

Ya se salen de Castilla
castellanos con gran saña,
van a combatir los muros
de la vieja Calatrava[13];
derribaron tres pedazos   5
por partes de Guadïana;
por uno entran los cristianos,
por dos los moros escapan,
maldiciendo de Mahoma
y de su secta malvada,   10
por unas sierras arriba
grandes alaridos daban.
¡Ay Dios, qué buen caballero
fue allí Rodrigo de Lara,
que mató cinco mil moros   15
con trescientos que llevaba!
Si aqueste muriera entonces,
¡qué gran fama que dejara!
No matara a sus sobrinos,
los siete infantes de Lara,   20
ni vendiera sus cabezas
al moro que las llevaba.
¡Bien peleó en aquel día
Ruy Velázquez el de Lara,
ganó un escaño de oro   25
con rica tienda de Arabia;
al conde Garci Fernández
se la envía presentada,
que le trate casamiento
con la linda doña Lambra.   30
Ya se conciertan las bodas,

¡ay Dios, en hora menguada![14],
doña Lambra de Bureba
y don Rodrigo de Lara.
Las bodas fueron en Burgos, 35
las tornabodas en Salas;
en bodas y tornabodas[15]
pasaron siete semanas;
las bodas fueron muy buenas,
las tornabodas muy malas. 40
Ya convidan por Castilla,
por León y por Navarra;
tanta viene de la gente
que no cabe en las posadas;
y aún faltaban por venir 45
los siete infantes de Lara.
¡Helos, helos por do vienen,
por aquella vega llana!
Sálelos a recibir
la su madre doña Sancha; 50
ellos le besan las manos,
ella a ellos en la cara:
«¡Huelgo de veros a todos,
que ninguno no faltaba,
y más a vos, Gonzalvico, 55
prenda que yo más amaba!
Tornad a cabalgar, hijos,
y tomedes vuestras armas,
allá iredes a posar
al barrio de Cantarranas. 60
Por Dios os ruego, mis hijos,
no salgades a las plazas,
porque las gentes son muchas,
trábanse malas palabras».
Ya cabalgan los infantes 65
y se van a sus posadas;
hallaron las mesas puestas,
mucha vianda aparejada;
después que hubieron comido,
siéntanse a jugar las tablas[16]. 70
En el arenal del río,
esa linda doña Lambra,

[14] *«En mala hora.»*

[15] **tornabodas:** *fiestas posteriores a las bodas; su duración dependía del nivel social de los esposos.*

[16] *Juegos de tablero, como el ajedrez.*

[17] **tablados:** *armazones que los caballeros de la Edad Media, como deporte, debían derribar a lanzadas.*

[18] **bohordo:** *lanza corta arrojadiza que se empleaba en juegos y deportes caballerescos, como, por ejemplo, derribar tablados.*

[19] **La Bureba:** *comarca de Burgos. Los infantes eran de la localidad burgalesa de Salas.*

[20] *Un bohordo; se le llama también «vara» por su reducida longitud.*

[21] **se holgara:** *«se alegrara», «se sintiera satisfecha».*

con muy grande fantasía,
altos tablados[17] armara;
tiran unos, tiran otros,   75
ninguno bien bohordaba[18].
Allí salió un hijodalgo
de Bureba[19] la preciada;
caballero en un caballo
y en la su mano una vara[20],   80
arremete su caballo,
al tablado la tirara,
voceando: «¡Amad, señoras,
cada cual como es amada!,
que más vale un caballero   85
de Bureba la preciada,
que no siete ni setenta
de los de la flor de Lara».
Doña Lambra que lo oyera,
de ello mucho se holgara[21]:   90
«¡Oh, maldita sea la dama
que su cuerpo te negara;
si yo casada no fuera,
el mío te lo entregaba!».
Oídolo ha doña Sancha,   95
responde muy apenada:
«Calledes, Lambra, calledes,
no digáis tales palabras,
que aún hoy os desposaron
con don Rodrigo de Lara».   100
«Más calléis vos, doña Sancha,
que tenéis por qué callar,
que paristeis siete hijos
como puerca en cenagal.»
Todo lo oye un caballero   105
que a los infantes criara;
llorando de los sus ojos,
con angustia y mortal rabia,
se fue para los palacios
do los infantes estaban;   110
unos juegan a los dados,
otros juegan a las tablas.
Aparte está Gonzalvico,

apoyado a una baranda:
«¿Cómo venís triste, ayo?   115
Decid, ¿quién os enojara?».
Tanto le rogó Gonzalo,
que el ayo se lo contara.
«Mas mucho os ruego, mi hijo,
que no salgáis a la plaza.»   120
No lo quiso hacer Gonzalo,
mas su caballo demanda;
llega a la plaza al galope,
pedido había una vara,
y miró para el tablado   125
que nadie lo derribara;
alzose en las estriberas,
con él en el suelo daba.
Cuando lo hubo derribado,
de esta manera allí hablara: 130
«Amad, amad, damas ruines,
cada cual como es amada,
que más vale un caballero
de los de la flor de Lara,
que cuarenta ni cincuenta   135
de Bureba la preciada».
Doña Lambra, que esto oyera,
bajose muy enojada,
sin esperar a los suyos
se saliera de la plaza;   140
fuese para los palacios
donde don Rodrigo estaba;
en entrando por las puertas
a voces se querellaba:
«¡Quéjome a vos don Rodrigo,   145
viuda me puedo llamar!
¡Mal me quieren en Castilla
los que me habían de guardar!
Los hijos de doña Sancha
mal deshonrado me han: 150
que me cortarían las faldas
por vergonzoso lugar[22],
que me pondrían rueca en cinta
y me la harían hilar[23],

[22] *Era un castigo que se aplicaba a las prostitutas.*

[23] *Hilar no era labor propia de damas; obligarla a ello sería para ella humillante y deshonroso.*

163

y cebarían sus halcones
dentro de mi palomar²⁴.
Si de esto no me vengáis,
yo mora me iré a tornar,
y a ese buen rey Almanzor
he de irme a querellar».
«Calledes, la mi señora,
vos no digades atal.
De los infantes de Lara
bien os pienso de vengar;
tela les tengo ya urdida,
presto se la he de tramar²⁵;
nacidos y por nacer
de ello por siempre hablarán».

²⁴ *Quizá estos dos versos encierren una alusión erótica.*

²⁵ *Quiere decir que ya ha trazado un plan de venganza.*

44

El llanto de Gonzalo Gustioz, ante las cabezas de sus hijos

Pártese el moro Alicante²⁶
víspera de San Cebrián;
ocho cabezas llevaba,
todas de hombres de alta sangre.
Sábelo el rey Almanzor,
a recibírselo sale;
aunque perdió muchos moros
piensa en esto bien ganar.
Mandara hacer un tablado
para mejor los mirar;
mandó traer un cristiano
que estaba en cautividad;
cuando ante sí lo trajeron,
el rey empezole a hablar:
díjole: «Gonzalo Gustioz,
mira quién conocerás;
que lidiaron mis poderes
en el campo de Almenar²⁷».
Sacaron ocho cabezas,
todas son de gran linaje.

²⁶ **Alicante:** *uno de los jefes del ejército que mandó Almanzor para acabar con los infantes de Lara.*

²⁷ *El lugar donde se libró la batalla en la que murieron los infantes.*

Respondió Gonzalo Gustioz:
«Presto os diré la verdad».
Y limpiándoles la sangre
asaz[28] se fuera a turbar;
dijo llorando hondamente: 25
«¡Conózcolas por mi mal!
La una es de mi carillo[29];
las otras me duelen más,
de los infantes de Lara
son, mis hijos naturales». 30
Así razona con ellas
como si vivos hablasen:
«¡Sálveos Dios, Nuño Salido,
el mi compadre leal!,
¿adónde son los mis hijos 35
que yo os quise encomendar?
Mas perdonadme, compadre,
que no he por qué os demandar,
muerto sois como buen ayo,
como hombre muy de fiar». 40
Tomara otra cabeza,
del hijo mayor de edad:
«¡Oh hijo Diego González,
hombre de muy gran bondad,
del conde Garci Fernández 45
el alférez principal,
a vos amaba yo mucho,
que me habíades de heredar!».
Y limpiándola con lágrimas
volviérala a su lugar. 50

Y toma la del segundo,
don Martín que se llamaba:
«¡Dios os perdone, el mi hijo,
hijo que mucho preciaba;
jugador de tablas erais 55
el mejor de toda España;
mesurado caballero,
muy bien hablabais en plaza!».
Y dejándola llorando,
la del tercero tomaba: 60

[28] **asaz:** *mucho, bastante.*

[29] **carillo:** *diminutivo de querido.*

«¡Hijo don Suero González,
todo el mundo os estimaba;
un rey os tuviera en mucho
sólo para la su caza!
Ruy Velázquez, vuestro tío,　　　　65
malas bodas os depara;
a vos os llevó la muerte,
a mí cautivo dejaba!».
Y tomando la del cuarto,
lasamente[30] la miraba:　　　　70
«¡Oh hijo Fernán González
(nombre del mejor de España,
del buen conde de Castilla,
aquel que vos bautizara),
matador de oso y de puerco,　　　　75
amigo de gran compaña;
nunca con gente de poco
os vieran en alianza!».
Tomó la de Ruy González,
al corazón la abrazaba:　　　　80
«¡Hijo mío, hijo mío,
quién como vos se hallara;
gran caballero esforzado,
muy buen bracero a ventaja[31];
vuestro tío Ruy Velázquez　　　　85
tristes bodas ordenara!».
Y tomando otra cabeza,
los cabellos se mesaba:
«¡Oh hijo Gustios González,
habíades buenas mañas,　　　　90
no dijérades mentira
ni por oro ni por plata;
animoso, buen guerrero,
muy gran heridor de espada,
que a quien dábades de lleno,　　　　95
tullido o muerto quedaba!».
Tomando la del menor
el dolor se le doblaba:
«¡Hijo Gonzalo González,
los ojos de doña Sancha!　　　　100
¡Qué nuevas irán a ella,

[30] **lasamente:** *cansadamente.*

[31] **bracero a ventaja:** *quizá quiera expresar que la fuerza de su brazo era tal que aventajaba a todos en el lanzamiento de armas arrojadizas.*

que a vos más que a todos ama!
¡Tan apuesto de persona,
decidor bueno entre damas,
repartidor de su haber[32],   105   [32] *Generoso,*
aventajado en la lanza!   *desprendido.*
¡Mejor fuera la mi muerte
que ver tan triste jornada!».
Al duelo que el viejo hace,
toda Córdoba lloraba.   110
El rey Almanzor, cuidoso[33],   [33] **cuidoso:**
consigo se lo llevaba   *entristecido,*
y mandaba a una morica   *apenado.*
lo sirviese muy de gana.
Ésta le torna en prisiones   115
y con amor le curaba;
hermana era del rey,
doncella moza y lozana;
con ésta Gonzalo Gustios
vino a perder la su saña[34],   120   [34] **saña:** *ira,*
que de ella le nació un hijo   *pero también*
que a los hermanos vengara.   *tristeza.*

45

Mudarra venga a sus hermanos

A caza va don Rodrigo,
ese que dicen de Lara;
perdido había el azor,
no hallaba ninguna caza;
con el gran calor que hace   5
se ha recostado en un haya,
maldiciendo a Mudarrilla,
hijo de la renegada,
que si a las manos le hubiese
que le sacaría el alma.   10
El señor estando en esto,
Mudarrilla que asomaba:
«Dios te salve, buen señor,

debajo la verde haya».
«Así haga a ti, caballero, 15
buena sea tu llegada.»
«Dígasme, señor, tu nombre,
decirte he yo la mi gracia.»
«A mí llaman don Rodrigo,
y aun don Rodrigo de Lara, 20
cuñado de don Gonzalo,
hermano de doña Sancha;
por sobrinos me los hube
los siete infantes de Lara.
Maldigo aquí a Mudarrilla, 25
hijo de la renegada,
si delante le tuviese,
yo le sacaría el alma.»
«Si a ti llaman don Rodrigo,
y aun don Rodrigo de Lara, 30
a mí Mudarra González,
hijo de la renegada,
de Gonzalo Gustios hijo
y alnado[35] de doña Sancha;
por hermanos me los hube 35
los siete infantes de Lara;
tú los vendiste, traidor,
en el val del Arabiana[36].
Mas si Dios ahora me ayuda,
aquí dejarás el alma.» 40
«Espéresme, don Mudarra,
iré a tomar las mis armas.»
«La espera que tú les diste
a los infantes de Lara;
aquí morirás, traidor, 45
enemigo de doña Sancha.»

[35] **alnado:** *hijastro.*

[36] *Lugar donde sucumbieron a traición los infantes.*

ROMANCES DEL CICLO DEL CID Y DEL CERCO DE ZAMORA

Dado que el Cid es también figura de gran importancia en el Cantar del cerco de Zamora, *de donde procede casi toda la materia de los romances sobre ese episodio, y por eso mismo los dos ciclos, el del cerco de*

Zamora y el del Cid, están estrechamente relacionados, hemos creído oportuno integrar en un mismo apartado los romances de ambos.

Al morir, Fernando I, rey de Castilla, León y Galicia, dividió sus reinos entre sus hijos, de manera que al mayor, Sancho (II), le dejó Castilla; a Alfonso (VI), León; a García, Galicia; a Elvira, la ciudad de Toro, y a Urraca, Zamora. Sancho no se quedó conforme con el reparto porque, dada su condición de primogénito, creía que toda la herencia de su padre le correspondía a él, y así, fue despojando de sus posesiones a sus hermanos, menos a Urraca, que resistió en Zamora, negándose a entregarle lo que consideraba una herencia legítima. Sancho pone entonces cerco a la ciudad, hasta que un caballero zamorano, Vellido Dolfos, fingiendo pasarse al bando de don Sancho, logra ganarse la confianza del rey, y cuando éste se halla más descuidado le mata por la espalda, tras de lo cual corre a refugiarse en la ciudad. El Cid, que ha contemplado desde lejos la escena, sale en su persecución, pero no consigue alcanzarle por no tener calzadas las espuelas. Vuelve entonces Alfonso de Toledo, donde se había refugiado, para hacerse cargo de los reinos de su hermano, aunque los castellanos, sospechando que pudo haber tomado parte en la conjura para asesinar al rey don Sancho, le hacen jurar que no participó, ni activamente ni dando su consentimiento, en esa muerte. El encargado de tomarle juramento solemne ante toda la nobleza castellana es el Cid, que había sido alférez de Sancho II. De ahí se hace arrancar la enemistad del rey con el Cid, que también se hace patente en el Cantar de Mio Cid *y los romances del ciclo dedicado a este personaje. De cualquier forma, la mayoría de los romances sobre la figura de Rodrigo Díaz de Vivar no proceden de este cantar de gesta, sino de la leyenda posterior que se formó sobre este personaje de la Castilla del siglo XI y cuyos principales episodios se recogen en el poema épico del siglo XIV titulado* Cantar de Rodrigo.

46

Quejas de doña Urraca ante su padre, el rey don Fernando

«Morir os queredes, padre,
¡San Miguel os haya[37] el alma!
Mandaste[38] las vuestras tierras
a quien se os antojara:
diste a don Sancho Castilla,   5
Castilla la bien nombrada,
a don Alfonso León,
con Asturias y Sanabria,
a don García Galicia,
con Portugal la preciada,   10
¡y a mí, porque soy mujer,
dejaisme desheredada!
Irme he yo de tierra en tierra
como una mujer errada[39];
mi lindo cuerpo daría   15
a quien bien se me antojara,
a los moros por dinero
y a los cristianos de gracia[40];
de lo que ganar pudiere,
haré bien por vuestra alma.»   20
Allí preguntara el rey:
«¿Quién es esa que así habla?».
Respondiera el arzobispo:
«Vuestra hija doña Urraca».
«Calledes, hija, calledes,   25
no digades tal palabra,
que mujer que tal decía
merecía ser quemada.
Allá en tierra leonesa
un rincón se me olvidaba,   30
Zamora tiene por nombre,
Zamora la bien cercada,
de un lado la cerca el Duero,
del otro peña tajada.
¡Quien os la quitare, hija,   35
la mi maldición le caiga!»

---

[37] *Os salve o guarde el alma.*

[38] **Mandaste:** *diste en herencia.*

[39] *Es decir, de vida equivocada; o, lo que es lo mismo, dedicada a la prostitución, a la mala vida.*

[40] **de gracia:** *gratis.*

«Amén, amén», dicen todos,
sino don Sancho, que calla.

47

Quejas de doña Urraca contra el Cid

«¡Afuera, afuera, Rodrigo,
el soberbio castellano!
Acordársete debría
de aquel buen tiempo pasado
que te armaron caballero   5
en el altar de Santiago,
cuando el rey fue tu padrino,
tú, Rodrigo, el ahijado;
mi padre te dio las armas,
mi madre te dio el caballo,   10
yo te calcé espuelas de oro
porque fueses más honrado;
que pensé casar contigo,
¡no lo quiso mi pecado!,
casástete con Jimena,   15
hija del conde Lozano;
con ella hubiste dineros,
conmigo hubieras estados;
dejaste hija del rey
por tomar la de un vasallo.»   20
Al oír esto Rodrigo
volviose mal angustiado:
«¡Afuera, afuera, los míos,
los de a pie y los de a caballo,
pues de aquella torre mocha[41]   25
una vira me han tirado!*,
no traía el asta hierro,
el corazón me ha pasado;
ya ningún remedio siento
sino vivir más penado!».   30

[41] **torre mocha:** *que no está terminada, o quizá que no está rematada o culminada con un chapitel o cubierta puntiaguda.*

---

* *Vira* significa «flecha», y aquí parece claro que se trata de una flecha simbólica, la del amor. Por eso, aunque el asta de madera de esa flecha o saeta no tenía punta de hierro, le ha atravesado el corazón, también, claro, en sentido simbólico.

48

Traición de Vellido Dolfos

«¡Rey don Sancho, rey don Sancho,
no digas que no te aviso,
que de dentro de Zamora
un alevoso[42] ha salido:
llámase Vellido Dolfos,   5
hijo de Dolfos Vellido;
si gran traidor fue su padre,
mayor traidor es el hijo;
cuatro traiciones ha hecho,
y con ésta serán cinco!»   10
Gritos dan en el real:
«¡A don Sancho han malherido:
muerto le ha Vellido Dolfos,
gran traición ha cometido!».
Desque le tuviera muerto,   15
metiose por un postigo[43];
por las calles de Zamora
va dando voces y gritos:
«¡Tiempo era, doña Urraca,
de cumplir lo prometido!*».   20

49

Bodas del Cid y doña Jimena

A Jimena y a Rodrigo
tomó el rey palabra y mano
de juntarlos para en uno[44]
en el solar de Laín Calvo[45];
las enemistades viejas[46]   5

[42] **alevoso:** *traidor.*

[43] **postigo:** *entrada secundaria de una muralla.*

[44] *Es decir, de unirlos en matrimonio.*

[45] *En el lugar del que era originaria la familia del Cid, en este caso su abuelo, el fundador de la estirpe y uno de los primeros jueces de Castilla, según la leyenda.*

[46] *Se alude aquí al hecho de que el Cid mató en duelo al padre de Jimena, como se expone más abajo.*

---

* El final del romance sugiere que doña Urraca había tramado la conjura para asesinar a su hermano. Por ese crimen la ciudad entera fue acusada de traición, y no se salvó de sospecha el hermano de don Sancho, Alfonso, porque era el principal beneficiario de este hecho.

con amor las olvidaron
que donde preside amor
se olvidan quejas y agravios.
El rey dio al Cid a Valduerna,
a Saldaña y Belforado   10
y a San Pedro de Cardeña,
que en su hacienda vincularon[47].
Entrose a vestir de boda
Rodrigo con sus hermanos;
quitose gola[48] y arnés[49]   15
resplandeciente y grabado;
púsose un medio botarga[50]
con unos vivos[51] dorados.
Eran de grana de polvo
y de vaca los zapatos,   20
con dos hebillas por cintas
que le apretaban los lados;
camisón[52] redondo y justo,
sin filetes ni recamos[53],
que entonces el almidón   25
era pan para muchachos.
Púsose un jubón[54] de raso[55],
ancho de manga, estofado[56],
que en tres o cuatro batallas
su padre lo había sudado.   30
Una acuchillada[57] cuera
se puso encima del raso,
en remembranza y memoria
de las muchas que había dado;
una gorra de Contray[58],   35
con una pluma de gallo;
llevaba puesto un tudesco[59]
en felpa todo forrado;
la Tizona rabitiesa,
del mundo terror y espanto,   40
en tiros nuevos traía
que costaron cuatro cuartos.
Más galán que Gerineldos[60]
bajó el Cid famoso al patio,
donde el rey, obispo y grandes[61]   45
en pie estaban aguardando.

[47] **vincularon:** *Dieron estos lugares a perpetuidad al Cid y a sus descendientes.*

[48] **gola:** *pieza de la armadura que protegía la garganta.*

[49] **arnés:** *conjunto de piezas de la armadura que protegían el cuerpo.*

[50] **botarga:** *especie de calzón ancho y largo usado antiguamente.*

[51] **vivos:** *cordoncillos que se ponen en las costuras de algunas prendas de vestir.*

[52] **camisón:** *antiguamente, camisa de hombre.*

[53] **filetes y recamos:** *distintos tipos de realces o adornos que se ponen en algunos vestidos.*

[54] **jubón:** *vestidura que*

cubría desde los hombros hasta la cintura, ceñida y ajustada al cuerpo.

[55] **raso:** *tela de seda lisa y brillante.*

[56] **estofar:** *bordar o disponer la tela de algunas prendas de manera que formen relieve.*

[57] **acuchillar:** *hacer aberturas a modo de cuchilladas en las mangas.*

[58] **contray:** *paño fino procedente de esa localidad de Flandes.*

[59] **tudesco:** *una especie de abrigo originario de cierta región de Alemania.*

[60] *En relación con este personaje, véase el romance 54 de esta antología.*

[61] **grandes:** *los nobles más destacados.*

[62] **toca de papos:** *prenda que cubría la*

Tras esto bajó Jimena,
tocada en toca de papos[62],
y no con esas quimeras[63]
que ahora llaman hurracos[64].   50
De paño de Londres fino
era el vestido bordado;
unas garnachas muy justas
con un chapín[65] colorado,
un collar de ocho patenas   55
con un San Miguel colgado,
que apreciaron una villa
solamente de las manos.
Llegaron juntos los novios,
y al dar la mano y abrazo,   60
el Cid, mirando a la novia,
le dijo todo turbado:
«Maté a tu padre, Jimena,
pero no a desaguisado[66],
matele de hombre a hombre   65
para vengar cierto agravio[67].
Maté hombre y hombre doy,
aquí estoy a tu mandado,
y en lugar del muerto padre,
cobraste marido honrado».   70
A todos pareció bien,
su discreción alabaron,
y así se hicieron las bodas
de Rodrigo el castellano.

50

La jura de Santa Gadea

En Santa Gadea de Burgos
do juran los hijosdalgo,
allí toma juramento
el Cid al rey castellano*,

---

* Alfonso VI, que heredó de su padre, Fernando I, el reino de León y que, a la muerte de su hermano Sancho II, rey

sobre un cerrojo de hierro 5
y una ballesta de palo.
Las juras eran tan fuertes
que al buen rey ponen espanto.
«Villanos te maten, rey,
villanos, que non hidalgos*; 10
abarcas[68] traigan calzadas,
que no zapatos con lazo;
capas traigan aguaderas[69],
no capuces[70] ni tabardos[71];
con camisones de estopa, 15
no de holanda[72] ni labrados[73];
en burras vengan montados,
que no en mulas ni caballos;
mátente por las aradas[74],
que no en villas ni en poblado; 20
con cuchillos cachicuernos[75],
no con puñales dorados,
y sáquente el corazón
por el siniestro[76] costado
si no dijeres verdad 25
a lo que sois preguntado:
si fuiste o consentiste
en la muerte de tu hermano».
Jurado había el buen rey
que en tal nunca se ha hallado. 30
Después habla contra el Cid
malamente y enojado:
«Muy mal me conjuras, Cid,
Cid, muy mal me has conjurado,
mas si hoy me tomas la jura, 35
luego has de besar mi mano».
«Por besar mano de rey
no me tengo por honrado;

cabeza y que formaba pliegues ahuecados.

[63] **quimeras:** *aquí, con el sentido de extravagancias.*

[64] **hurraco:** *un tipo de tocado femenino.*

[65] **chapín:** *calzado femenino antiguo.*

[66] **a desaguisado:** *injusta o arbitrariamente.*

[67] *El que el padre de Jimena había hecho al del Cid: abofetearle delante del rey y otros caballeros.*

[68] **abarcas:** *calzado rústico que utilizaban los campesinos.*

[69] **capas aguaderas:** *capas hechas con juncos o tela impermeable para protegerse de la lluvia.*

[70] **capuz:** *capa o capote con capucha.*

---

de Castilla, fue proclamado también monarca de este reino. Por eso se le llama aquí «el rey castellano».
* A lo largo de todo el romance se van contraponiendo la indumentaria y utensilios propios de la gente de baja condición con los correspondientes a los caballeros.

175

La jura de Santa Gadea, *por Miráldez Acosta (siglo XIX)*.

[71] **tabardo:** *gabán sin mangas de paño o piel.*

[72] **holanda:** *tela fina.*

[73] **labrados:** *bordados.*

[74] **aradas:** *tierras de labor.*

[75] **cachicuernos:** *con las cachas o el mango hechos de las astas de algún animal.*

[76] **siniestro:** *izquierdo.*

[77] **acicalado:** *pulido o bruñido.*

porque la besó mi padre,
me tengo por afrentado.»   40
«Vete de mis tierras, Cid,
mal caballero probado,
y no me estés más en ellas
desde este día en un año.»
«Que me place, dijo el Cid,   45
pláceme –dijo– de grado
por ser la primera cosa
que mandas en tu reinado;
tú me destierras por uno,
yo me destierro por cuatro.» 50
Ya se partía el buen Cid
sin al rey besar la mano,
con trescientos caballeros,
esforzados hijosdalgo,
todos son hombres mancebos,   55
ninguno hay viejo ni cano,
todos llevan lanza en ristre
con el hierro acicalado[77],
y llevan sendas adargas
con borlas de colorado.   60

ROMANCES CAROLINGIOS

51

Doña Alda

En París está doña Alda,
la esposa de don Roldán,
trescientas damas con ella
para bien la acompañar;
todas visten un vestido,   5
todas calzan un calzar,
todas comen a una mesa,
todas comían de un pan[78].
Las ciento hilaban el oro,
las ciento tejen cendal[79],   10
las cien tocan instrumentos
para a doña Alda holgar.
Al son de los instrumentos
adormecido se ha;
ensoñado había un sueño,   15
un sueño de gran pesar.
Despertó despavorida
con un dolor sin igual,
los gritos eran tan grandes
que se oían en la ciudad.   20
«¿Qué es aquesto, mi señora,
qué es lo que os hizo mal?»
«Un sueño soñé, doncellas,
que me ha dado gran pesar:
que me veía en un monte,   25
en un desierto lugar,
de so los montes muy altos
un azor vide volar;
tras él viene una aguililla
que lo ahincaba muy mal;   30
el azor, con grande cuita,
metiose so mi brial[80];
el águila, con gran ira,
de allí lo iba a sacar;

[78] Quiere decir que comen de una misma comida.

[79] **cendal:** tela de seda o lino muy delgada.

[80] **brial:** vestido de tela o seda rica. El ave se mete allí buscando refugio. En la Edad Media, meterse bajo el vestido o el manto de una dama garantizaba la protección.

177

[81] **camarera:** *aquí se trata de una dama que sirve a una señora principal.*

con las uñas lo despluma,
con el pico lo deshace*.»
Allí habló su camarera[81],
bien oiréis lo que dirá:
«Aquese sueño, señora,
bien os lo entiendo soltar:
el azor es vuestro esposo,
que de España viene ya;
el águila sodes vos,
con la cual ha de casar,
y aquel monte era la iglesia
en donde os han de velar».
«Si es así, mi camarera,
bien te lo entiendo pagar».
Otro día de mañana
cartas de lejos le traen;
tintas venían por fuera,
de dentro escritas con sangre,
que su Roldán era muerto
en la caza de Roncesvalles**.

35

40

45

50

52

Muerte de Durandarte***

«¡Oh Belerma, oh Belerma!,
por mi mal fuiste engendrada,

---

* Los sueños premonitorios constituyen uno de los muchos rasgos característicos de la literatura folclórica que pasan al Romancero.
** *La canción de Roldán* tiene precisamente como asunto central la muerte de Roldán, el principal caballero del emperador Carlomagno, a manos de los moros, que le prepararon una emboscada en Roncesvalles con la complicidad del traidor Ganelón.
*** En *La Canción de Roldán* es la espada del héroe la que recibe el nombre de Durandarte, pero no es extraño que en una literatura de tradición oral se produzcan confusiones de este tipo, máxime si esa tradición no es del propio país, sino importada.

que siete años te serví[82]
sin alcanzar de ti nada,
y ahora que me querías   5
muero yo en esta batalla.
No me pesa de mi muerte,
aunque temprano me llama;
más pésame que de verte
y de servirte dejaba.   10
¡Oh mi primo Montesinos!,
lo primero que os rogaba
que cuando yo fuere muerto
y mi ánima arrancada,
vos llevéis mi corazón   15
a donde Belerma estaba,
y servidla de mi parte,
como de vos esperaba.
¡Montesinos, Montesinos,
mal me aqueja esta lanzada!   20
Traigo grandes las heridas,
mucha sangre derramada;
los extremos tengo fríos,
el corazón me desmaya,
de mi vista ya no veo,   25
la lengua tengo turbada.
Ojos que nos vieron ir,
no nos verán más en Francia;
abracéisme, Montesinos,
que ya se me sale el alma.»   30
Muerto yace Durandarte
debajo una verde haya,
llorábalo Montesinos
que a su muerte se hallara;
la huesa le estaba haciendo   35
con una pequeña daga.
Desenlázale el arnés,
el pecho le desarmaba,
por el costado siniestro
el corazón le sacaba;   40
para llevarlo a Belerma,
en un cendal lo guardaba;

[82] «*Servir*» tiene un sentido amoroso en la literatura cortés de la Edad Media.

su rostro al del muerto junta,
mojábale con sus lágrimas.
«¡Durandarte, Durandarte, 45
Dios perdone la tu alma!,
que según queda la mía,
muy presto te hará compaña.»

53

Rosaflorida

En Castilla está un castillo
que se llama Rocafrida;
al castillo llaman Roca
y a la fuente llaman Frida.
Almenas tiene de oro, 5
paredes de plata fina;
entre almena y almena
está una piedra zafira;
tanto relumbra de noche
como el sol a mediodía. 10
Dentro estaba una doncella
que llaman Rosaflorida;
siete condes la demandan[83],
tres duques de Lombardía;
a todos los desdeñaba, 15
¡tanta es su lozanía!
Prendose de Montesinos,
de oídas, que no de vista;
a eso de la medianoche
gritos da Rosaflorida. 20
Oyérala un camarero[84]
que ella por ayo tenía:
«¿Qué es aquesto, mi señora,
qué es esto, Rosaflorida?
O tenedes mal de amores, 25
o estades loca perdida».
«Ruégote, mi camarero,
que de mí tengas mancilla[85];

[83] «La piden en matrimonio.»

[84] **camarero:** asistente o ayuda de cámara, antiguamente persona de elevada condición que servía a los reyes o grandes señores.

[85] **mancilla:** aquí, «lástima», «compasión».

llevásesme aquestas cartas
a Francia la bien guarnida[86], 30
diéseslas a Montesinos,
prenda que yo más quería;
que me venga presto a ver,
para la Pascua florida.
Si no quisiera venir, 35
bien pagaré su venida:
vestiré sus escuderos
de una escarlata broslida[87];
darele siete castillos,
los mejores de Castilla, 40
y si de mí más quisiere,
yo mucho más le daría...
Darele yo este mi cuerpo,
que más lindo no lo había,
si no es el de mi hermana, 45
¡que de mal fuego sea ardida!;
si ella me gana en lindeza,
yo le gano en galanía[88]».

[86] **guarnida:** *amurallada, defendida.*

[87] *«De una tela roja ricamente bordada.»*

[88] **galanía:** *gallardía, lozanía, prestancia.*

54

Gerineldo y la infanta[89]

«Gerineldo, Gerineldo,
paje del rey más querido,
quién te tuviera esta noche
en mi jardín florecido.
Válgame Dios, Gerineldo, 5
cuerpo que tienes tan lindo.»
«Como soy vuestro criado,
señora, burláis conmigo.»
«No me burlo, Gerineldo,
que de veras te lo digo.» 10
«¿Y cuándo, señora mía,
cumpliréis lo prometido.»
«Entre las doce y la una,
que el rey estará dormido.»

[89] *Al parecer este romance se inspira en la leyenda acerca de los amores entre Emma, la hija del emperador Carlomagno, y Eginardo, el secretario de éste.*

Media noche ya es pasada, 15
Gerineldo no ha venido.
«¡Oh, malhaya, Gerineldo,
quien amor puso contigo!»
«Abridme, la mi señora,
abridme, cuerpo garrido.» 20
«¿Quién a mi puerta se atreve?
¿Quién llama así a mi postigo?»
«No os turbéis, señora mía,
que soy vuestro dulce amigo.»
Tomáralo por la mano 25
y en el lecho lo ha metido;
entre juegos y deleites
la noche se les ha ido,
y allá hacia el amanecer
los dos se duermen rendidos. 30
Despertado había el rey
de un sueño, despavorido.
«O me roban a la infanta
o traicionan el castillo.»
Aprisa llama a su paje 35
pidiéndole los vestidos:
«¡Gerineldo, Gerineldo,
el mi paje más querido.»
Tres veces le había llamado*,
ninguna le ha respondido. 40
Puso la espada en la cinta
y a donde la infanta ha ido;
vio a su hija, vio a su paje
como mujer y marido.
«¿Mataré yo a Gerineldo 45
a quien crié desde niño?
Pues si matare a la infanta
mi reino queda perdido.
Pondré la espada por medio,
que me sirva de testigo**.» 50

---

* El empleo de ciertos números, como el 3 y el 7, considerados mágicos, es de procedencia folclórica.
** También poner la espada como testigo es un recurso que aparece en algunos cuentos folclóricos.

Y saliose hacia el jardín
sin ser de nadie sentido.
Rebullíase la infanta
tres horas ya el sol salido;
con el frío de la espada   55
la dama se ha estremecido.
«Levántate, Gerineldo,
levántate, dueño mío,
la espada del rey mi padre
entre los dos ha dormido.»   60
«¿Y adónde iré, mi señora,
que del rey no sea visto?»
«Vete por ese jardín
cogiendo rosas y lirios;
pesares que te vinieren   65
los compartiré contigo.»
«¿Dónde vienes, Gerineldo,
tan mustio y descolorido?»
«Vengo del jardín, buen rey,
por ver cómo ha florecido;   70
la fragancia de una rosa
la color me ha desvaído*.»
«De esa rosa que cortaste
mi espada será testigo.»
«Matadme, señor, matadme,   75
bien lo tengo merecido.»
Ellos en estas razones,
la infanta a su padre vino:
«Rey y señor, no le mates,
mas dámelo por marido.   80
O si lo quieres matar,
la muerte será conmigo.»

---

* La rosa como símbolo amoroso es una constante en la literatura de carácter tradicional.

Romances novelescos

55

La amiga de Bernal Francés

«Sola me estoy en mi cama
namorando mi cojín;
¿quién será ese caballero
que a mi puerta dice "Abrid"?»
«Soy Bernal Francés, señora,   5
el que te suele servir
de noche para la cama,
de día para el jardín.»
Alzó sábanas de holanda,
cubriose de un mantellín;   10
tomó candil de oro en mano
y a la puerta bajó a abrir.
Al entreabrir de la puerta,
él dio un soplo en el candil.
«¡Válgame Nuestra Señora,   15
válgame el señor San Gil!
Quien apagó mi candela
puede apagar mi vivir.»
«No te espantes, Catalina,
ni me quieras descubrir,   20
que a un hombre he muerto en la calle,
la justicia va tras mí.»
Le ha cogido de la mano
y le ha entrado al camarín;
sentole en silla de plata   25
con respaldo de marfil;
bañole todo su cuerpo
con agua de toronjil[90];
hízole cama de rosa,
cabecera de alhelí.   30
«¿Qué tienes, Bernal Francés,
que estás triste a par de mí?
¿Tienes miedo a la justicia?
No entrará aquí el alguacil.

---

[90] **toronjil:** planta herbácea aromática y con ciertas propiedades medicinales.

¿Tienes miedo a mis criados?　　35
Están al mejor dormir.»
«No temo yo a la justicia,
que la busco para mí,
ni menos temo criados
que duermen su buen dormir.»　　40
«¿Qué tienes, Bernal Francés?
¡No solías ser así!
Otro amor dejaste en Francia
o te han dicho mal de mí.»
«No dejo amores en Francia,　　45
que a otro amor nunca serví.»
«Si temes a mi marido,
muy lejos está de aquí.»
«Lo muy lejos se hace cerca
para quien quiere venir,　　50
y tu marido, señora,
lo tienes a par de ti.
Por regalo de mi vuelta
te he de dar rico vestir,
vestido de fina grana　　55
forrado de carmesí,
y gargantilla encarnada
como en damas nunca vi[91];
gargantilla de mi espada,
que tu cuello va a ceñir.　　60
Nuevas irán al francés:
que arrastre luto por ti.»

[91] **carmesí, grana, encarnada...:** *la insistencia en el color rojo significa que la va a vestir con su propia sangre, puesto que la va a degollar.*

56

El veneno de Moriana

Madrugaba don Alonso
a poco del sol salido;
convidando va a su boda
a los parientes y amigos;
a las puertas de Moriana　　5
sofrenaba su rocino:

[92] **brindarte:** *invitarte.*

[93] **solimán:** *producto tóxico.*

[94] *«Que así es la costumbre.»*

«Buenos días, Moriana.»
«Don Alonso, bien venido.»
«Vengo a brindarte[92], Moriana,
para mi boda el domingo.» 10
«Esas bodas, don Alonso,
debieran de ser conmigo;
pero ya que no lo sean,
igual el convite estimo,
y en prueba de mi amistad 15
beberás del fresco vino,
el que solías beber
dentro en mi cuarto florido.»
Morïana, muy ligera,
en el cuarto se ha metido; 20
tres onzas de solimán[93]
con el acero ha molido,
de la víbora los ojos,
sangre de un alacrán vivo:
«Bebe, bebe, don Alonso, 25
bebe de este fresco vino».
«Bebe primero, Moriana,
que así está puesto en estilo»[94].
 Levantó el vaso Moriana,
lo puso en sus labios finos; 30
los dientes tiene menudos,
gota dentro no ha vertido.
Don Alonso, como es mozo,
maldita gota ha perdido.
«¿Qué me diste, Morïana, 35
qué me diste en este vino?
¡Las riendas tengo en la mano
y no veo mi rocino!»
«Vuelve a casa, don Alonso,
que el día va ya corrido 40
y se celará tu esposa
si quedas acá conmigo.»
«¿Qué me diste, Morïana,
que pierdo todo el sentido?
¡Sáname de este veneno: 45
yo me he de casar contigo!»

«No puede ser, don Alonso,
que el corazón te ha partido.»
«¡Desdichada de mi madre,
que ya no me verá vivo!» 50
«Más desdichada la mía
desque te hube conocido.»

57

El conde Niño*

Conde Niño por amores
es niño y pasó la mar;
va a dar agua a su caballo
la mañana de San Juan**.
Mientras su caballo bebe, 5
él canta dulce cantar;
todas las aves del cielo
se paraban a escuchar,
caminante que camina
olvida su caminar, 10
navegante que navega
la nave vuelve hacia allá.
La reina estaba labrando[95],
la hija durmiendo está:
«Levantaos, Albaniña, 15
de vuestro dulce folgar[96]
y oiréis cantar hermoso
la sirenita del mar».
«No es la sirenita, madre,
la de tan bello cantar, 20
que es la voz del conde Niño

[95] **labrando:** *cosiendo, bordando.*

[96] **folgar:** *aquí, «descansar».*

* Este romance recrea el tópico del «amor más poderoso que la muerte», título con el que figura en la *Flor nueva de romances viejos*, de Ramón Menéndez Pidal.
** El día de San Juan aparece con frecuencia revestido en la lírica tradicional, y en general en muchas manifestaciones del folclore, de ciertas connotaciones mágicas y eróticas.

[97] **finar:** *morir*.

que por mí quiere finar[97].
¡Quién le pudiera valer
en su tan triste penar!»
«Si por tus amores pena,   25
¡oh, mal haya su cantar!,
y porque nunca los goce,
yo le mandaré matar.»
«Si le manda matar, madre,
juntos nos han de enterrar.»   30
Él murió a la medianoche,
ella a los gallos cantar;
a ella, como hija de reyes,
la entierran en el altar;
a él, como hijo de condes,   35
unos pasos más atrás.
De ella nació un rosal blanco,
de él nació un espino albar;
crece el uno, crece el otro,
los dos se van a juntar;   40
las ramitas que se alcanzan
fuertes abrazos se dan,
y las que no se alcanzaban
no dejan de suspirar.
La reina, llena de envidia,   45
ambos los mandó cortar;
el galán que los cortaba
no cesaba de llorar.
De ella naciera una garza,
de él un fuerte gavilán,   50
juntos vuelan por el cielo,
juntos vuelan, par a par.

58

El enamorado y la muerte

Un sueño soñaba anoche,
soñito del alma mía,
soñaba con mis amores

que en mis manos los tenía.
Vi entrar señora tan blanca   5
muy más que la nieve fría.
«¿Por dónde has entrado, amor?
¿Cómo has entrado, mi vida?
Las puertas están cerradas,
ventanas y celosías.»   10
«No soy el amor, amante:
la Muerte que Dios te envía.»
«¡Ay, Muerte tan rigurosa,
déjame vivir un día!»
«Un día no puede ser,   15
una hora tienes de vida.»
Muy deprisa se calzaba,
más deprisa se vestía;
ya se va para la calle
en donde su amor vivía.   20
«¡Ábreme la puerta, blanca,
ábreme la puerta, niña!»
«¿Cómo te podré yo abrir
si la ocasión no es venida?
Mi padre no fue a palacio,   25
mi madre no está dormida.»
«Si no me abres esta noche,
ya no me abrirás, querida;
la Muerte me está buscando,
junto a ti vida sería.»   30
«Vete bajo la ventana
donde labraba y cosía,
te echaré cordón de seda
para que subas arriba,
y si el cordón no alcanzare,   35
mis trenzas añadiría.»
La fina seda se rompe;
la Muerte que allí venía:
«Vamos, el enamorado,
que la hora ya es cumplida».   40

Romances líricos

59

Fonte Frida*

Fonte Frida, Fonte Frida,
Fonte Frida y con amor,
do todas las avecicas
van tomar consolación,
si no es la tortolica, 5
que está viuda y con dolor.
Por allí fuera a pasar
el traidor del ruiseñor;
las palabras que le dice
llenas son de traicïón: 10
«Si tú quisieras, señora,
yo sería tu servidor».
«¡Vete de ahí, enemigo,
malo, falso, engañador,
que ni poso en ramo verde 15
ni en prado que tenga flor;
que si el agua hallo clara,
turbia la bebía yo;
que no quiero haber marido
porque hijos no haya, no; 20
no quiero placer con ellos,
ni menos consolación.
¡Déjame, triste enemigo,
malo, falso, ruin, traidor,
que no quiero ser tu amiga 25
ni casar contigo, no!»

---

* Este romance ha sido objeto de una doble lectura o interpretación. En un primer plano nos hallaríamos ante una escena galante en la que un caballero requiere de amores a una viudita reciente que todavía se mantiene fiel a su marido muerto; pero en un sentido alegórico, la tórtola representaría a la Iglesia, viuda de Cristo, su Esposo, a quien guarda fidelidad pese a los requerimientos engañosos del Mundo, encarnado en el ruiseñor.

60

El infante Arnaldos

¡Quién hubiera tal ventura
sobre las aguas del mar
como hubo el infante Arnaldos
la mañana de San Juan!
Andando a buscar la caza* 5
para su falcón cebar,
vio venir una galera[98]
que a tierra quiere llegar;
las velas trae de seda,
la jarcia[99] de oro torzal, 10
áncoras[100] tiene de plata,
tablas de fino coral.
Marinero que la guía
diciendo viene un cantar
que la mar ponía en calma, 15
los vientos hace amainar;
los peces que andan al hondo
arriba los hace andar;
las aves que van volando,
al mástil vienen posar. 20
Allí habló el infante Arnaldos,
bien oiréis lo que dirá:
«Por tu vida, el marinero,
dígasme ora ese cantar».
Respondiole el marinero, 25
tal respuesta le fue a dar:
«Yo no digo mi canción
sino a quien conmigo va».

[98] **galera:** *embarcación de vela y remo.*

[99] **jarcia:** *aparejos del velamen de un barco, que en este caso son finas cuerdas doradas «oro torzal».*

[100] **áncoras:** *anclas.*

61

Misa de amor

Mañanita de San Juan,
mañanita de primor,

---
* La caza cetrera de amor es un tópico que aparece con frecuencia en la literatura medieval.

cuando damas y galanes
van a oír misa mayor.
Allá va la mi señora, 5
entre todas la mejor;
viste saya sobre saya,
mantellín de tornasol[101],
camisa con oro y perlas
bordada en el cabezón[102]. 10
En la su boca muy linda
lleva un poco de dulzor;
en la su cara tan blanca,
un poquito de arrebol,
y en los sus ojuelos garzos[103] 15
lleva un poco de alcohol[104].
Así entraba por la iglesia,
relumbrando como el sol.
Las damas mueren de envidia
y los galanes de amor. 20
El que cantaba en el coro,
en el credo se perdió;
el abad que dice misa,
ha trocado la lección[105];
monaguillos que le ayudan, 25
no aciertan responder, no;
por decir amén, amén,
decían amor, amor.

62

Romance del prisionero

Que por mayo era, por mayo,
cuando hace la calor,
cuando los trigos encañan[106]
y están los campos en flor,
cuando canta la calandria 5
y responde el ruiseñor,
cuando los enamorados
van a servir al amor,
sino yo, triste, cuitado,

---

[101] **mantellín de tornasol:** *especie de mantilla que cubre la cabeza y los hombros hecha de tela de colores brillantes que cambian de matiz según la luz.*

[102] **cabezón:** *cuello ancho que sobresalía de la camisa.*

[103] **garzos:** *azules.*

[104] **alcohol:** *polvo usado como cosmético para sombrear las cejas y los párpados.*

[105] *Ha equivocado el texto que debía leer.*

[106] **encañar:** *cuando el tallo del cereal se seca y queda listo para segarse.*

que vivo en esta prisión, 10
que ni sé cuándo es de día,
ni cuándo las noches son,
sino por una avecilla
que me cantaba al albor.
Matómela un ballestero: 15
dele Dios mal galardón[107].

[107] *«Castíguele Dios.»*

ROMANCES FRONTERIZOS Y MORISCOS

63

Romance de Álora*

Álora, la bien cercada,
tú que estás al par del río,
cercote el Adelantado
una mañana en domingo,
de peones y hombres de armas 5
el campo bien guarnecido;
con la gran artillería
hecho te habían un portillo[108].
Viérades moros y moras
subir huyendo al castillo; 10
las moras llevan la ropa,
los moros harina y trigo,
y las moras de quince años
llevaban el oro fino,
y los moricos pequeños 15
llevan la pasa y el higo.
Por encima del adarve[109]
su pendón llevan tendido.
Allá detrás de una almena

[108] **portillo:** *boquete o abertura en la muralla.*

[109] **adarve:** *camino situado en lo alto de la muralla, por detrás de las almenas.*

---

* Este romance se basa en un hecho histórico, como es habitual en los de esta especie; en este caso se refiere a la muerte del adelantado, o gobernador militar de una zona fronteriza, Diego de Ribera, ocurrido en 1434, en el cerco de esta localidad de la provincia de Málaga, situada a orillas del río Guadalhorce.

Los romances fronterizos narran escaramuzas guerreras entre moros y cristianos. Miniatura del Beato de Liébana.

[110] **cuadrillo:** *saeta o flecha de punta piramidal.*

[111] **colodrillo:** *parte posterior de la cabeza.*

quedado se había un morico
con una ballesta armada
y en ella puesto un cuadrillo[110].
En altas voces diciendo,
que del real le han oído:
«¡Tregua, tregua, Adelantado,
por tuyo se da el castillo!».
Alza la visera arriba
por ver al que tal le dijo:
asestárale a la frente,
salido le ha al colodrillo[111].

20

25

30

Sacole Pablo de rienda
y de mano Jacobillo[112],
estos dos que había criado
en su casa desde chicos.
Lleváronle a los maestros[113] 35
por ver si será guarido[114];
a las primeras palabras
el testamento les dijo[115].

64

Abenámar*

«Abenámar, Abenámar,
moro de la morería,
el día que tú naciste
grandes señales había:
estaba la mar en calma, 5
la luna estaba crecida,
moro que en tal signo nace
no debe decir mentira.»
«No te la diré, señor,
aunque me cueste la vida.» 10
«¿Qué castillos son aquéllos?
Altos son y relucían.»
«El Alhambra era, señor,
y la otra la mezquita;
los otros los Alixares, 15
labrados a maravilla.
El moro que los labraba
cien doblas[116] ganaba al día,
y el día que no los labra
otras tantas se perdía; 20
desque los tuvo labrados,
el rey le quitó la vida

[112] *Quiere decir que entre los dos, uno tomando las riendas y el otro agarrándole por la mano, le ayudaron a bajar del caballo.*

[113] **maestros:** *cirujanos.*

[114] *«Para ver si puede salvarse.»*

[115] *Porque comprendió que su muerte estaba próxima.*

[116] **dobla:** *moneda de oro de origen árabe.*

---

* Se recrea aquí mediante una escena galante el intento del rey Juan II de Castilla de conquistar Granada. Así, esta ciudad se presenta bajo la forma de una mujer que rechaza el ofrecimiento de su pretendiente.

El Generalife, residencia veraniega de los emires de Granada.

[117] *Se refiere al rey de Castilla, a quien pertenecía entonces toda Andalucía, excepto el reino de Granada.*

porque no labre otros tales
al rey del Andalucía[117].
El otro es Torres Bermejas,   25
castillo de gran valía;
el otro, Generalife,
huerta que par no tenía.»
Allí hablara el rey don Juan,
bien oiréis lo que decía: 30

«Si tú quisieras, Granada,
contigo me casaría;
darete en arras y dote[118]
a Córdoba y a Sevilla.»
«Casada soy, rey don Juan,   35
casada soy, que no viuda;
el moro que a mí me tiene
muy grande bien me quería.»
Hablara allí el rey don Juan,
estas palabras decía: 40
«Échenme acá mis lombardas*
doña Sancha y doña Elvira;
tiraremos a lo alto,
lo bajo ello se daría.»
El combate era tan fuerte   45
que grande temor ponía.

[118] **arras:** *bienes que el marido entrega a su esposa para compensar los que ella aporta al matrimonio, que constituyen la dote.*

65

La pérdida de Alhama

Paseábase el rey moro
por la ciudad de Granada,
desde la puerta de Elvira
hasta la de Vivarrambla.
Cartas le fueron venidas   5
cómo Alhama era ganada.
¡Ay de mi Alhama!
Las cartas echó en el fuego,
y al mensajero matara;
echó mano a sus cabellos   10
y sus barbas se mesaba[119].
Apeose de una mula
y en un caballo cabalga;
por el Zacatín arriba

[119] *«Se arrancaba», de pena y rabia.*

---

* Las lombardas eran un tipo de piezas de artillería. Se les pone nombres propios –Sancha, Elvira–, pues era costumbre bastante corriente en la Edad Media singularizar de esta manera a las armas. (Recuérdese la Tizona del Cid, por ejemplo.)

[120] **añafiles:** trompetas moras.

[121] "*Que estaban labrando sus tierras.*"

[122] **alfaquí:** doctor o sabio en la ley islámica.

subido había a la Alhambra;
mandó tocar sus trompetas,
sus añafiles[120] de plata,
porque lo oyesen los moros
que andaban por el arada[121].
¡Ay de mi Alhama!
Cuatro a cuatro, cinco a cinco,
juntado se ha gran compaña.
Allí habló un viejo alfaquí[122],
la barba bellida y cana:
«¿Para qué nos llamas, rey,
por qué fue nuestra llamada?».
«Para que sepáis, amigos,
la gran pérdida de Alhama.»
¡Ay de mi Alhama!
«Bien se te emplea, buen rey,
buen rey, bien se te empleara;
mataste a los Bencerrajes*,
que eran la flor de Granada;
cogiste a los tornadizos**
de Córdoba la nombrada.
Por eso mereces, rey,
una pena muy doblada,
que te pierdas tú y el reino
y que se acabe Granada.»
¡Ay de mi Alhama!

---

* Los Bencerrajes (o Abencerrajes) constituían una destacada familia granadina a la que el rey de la ciudad mandó matar para conservar el poder. Estas luchas internas eran frecuentes en la última época del reino de Granada.

** *Tornadizo* es el que cambia con facilidad de criterio o actitud. Aquí se refiere a los cristianos o judíos que se habían convertido al islamismo y que, por eso mismo, para este personaje no eran muy de fiar.

La lírica tradicional

Cancionero anónimo

66

Endechas[1] a la muerte de Guillén Peraza*

Llorad las damas, sí, Dios os valga[2].
Guillén Peraza murió en La Palma,
la flor marchita la de su cara.

No eres palma, eres retama,
eres ciprés de triste rama, 5
eres desdicha, desdicha mala.

Tus campos rompan tristes volcanes,
no vean placeres, sino pesares,
cubran tus flores los arenales.

Guillén Peraza, Guillén Peraza, 10
¿dó está tu escudo, dó está tu lanza?
Todo lo acaba la malandanza[3].

[1] **Endechas:** *aquí, «lamentaciones o cantos fúnebres».*

[2] *«Que Dios os ampare.»*

[3] **malandanza:** *desgracia, mala fortuna.*

---

* Esta composición fue escrita seguramente a raíz de la muerte de este caballero sevillano, ocurrida en 1443, durante la conquista de la isla de la Palma, en Canarias.

67

¡Al alba venid, buen amigo!
¡Al alba venid!

Amigo el que yo más quería,
venid al alba del día.

Amigo el que yo más amaba, 5
venid a la luz del alba.

Venid a la luz del día,
no traigáis compañía.

Venid a la luz del alba,
no traigáis gran compaña*. 10

68

*Tres morillas me enamoran
en Jaén:
Axa, Fátima y Marién.*

*Tres morillas tan garridas
iban a coger olivas,* 5
y hallábanlas cogidas.
en Jaén,
Axa, Fátima y Marién.

Y hallábanlas cogidas,
y tornaban desmaídas[4] 10
y las colores perdidas[5],
en Jaén,
Axa, Fátima y Marién.

Tres morillas tan lozanas
iban a coger manzanas, 15
y cogidas las hallaban

[4] **desmaídas:** *desmayadas.*

[5] **las colores perdidas:** *pálidas, descoloridas.*

---

* La forma paralelística de esta composición evidencia su parentesco con las cantigas de amigo gallego-portuguesas.

*en Jaén,
Axa, Fátima y Marién.*

69

En Ávila, mis ojos[6],　　　　　　　　　　[6] **mis ojos:** *mi*
dentro en Ávila.　　　　　　　　　　　　　　　*amado.*

En Ávila del Río
mataron a mi amigo,
dentro en Ávila*.　　　　　　　　　　5

70

De los álamos vengo, madre,
de ver cómo los menea el aire.

De los álamos de Sevilla,
de ver a mi dulce amiga.

De los álamos vengo, madre,　　　　5
de ver cómo los menea el aire.

71

Dentro en el vergel
moriré.
Dentro en el rosal
matarme han.

Yo me iba, mi madre,　　　　　　　　5
las rosas coger;
hallé mis amores
dentro en el vergel.
Dentro en el rosal　　　　　　　　　10
matarme han.

---

* Compárese esta emotiva cancioncilla con el poema de Rafael Alberti inspirado en ella «Mi corza», incluido en *Marinero en tierra*.

72

Malferida iba la garza
enamorada:
sola va y gritos daba.

Donde la garza hace su nido,
ribericas de aquel río.　　　　　　　　　5
Sola va y gritos daba.

73

Arrojome las naranjicas
con los ramos de blanco azahar;
arrojómelas y arrojéselas
y volviómelas a arrojar*.

De sus manos hizo un día　　　　　　　5
la niña tiro de amores
y de naranjas y flores
balas de su artillería.
Comenzó su batería
contra mí que la miraba;　　　　　　　10
yo las balas le tiraba
por doble mosquetería**.

---

* Nótese el efecto rítmico de las tres palabras esdrújulas seguidas. Hay que tener presente que la poesía tradicional estaba destinada al canto, e incluso al baile, de ahí la abundancia de recursos rítmicos de todo tipo que suele emplear; a veces dejando a un lado las convenciones gramaticales, como ocurre en el texto 81.

** Quiere decir que la mira con ojos tan encendidos de amor que parecen dos mosquetes –armas de fuego– disparando. El amor como lucha era una imagen frecuente en la poesía amorosa de la Edad Media y el Siglo de Oro. Por otro lado, es preciso observar que nos hallamos ante una canción de trabajo, relacionada con la recolección de la naranja, en la que seguramente se inspiró Lope de Vega para escribir su conocida «Naranjicas me tira mi niña…».

74

Ojuelos graciosos,
que os estáis riendo
del que está muriendo.
Ojos tan hermosos
doleos de mí, 5
no me deis el fin,
basten mis enojos.
Miradme, mis ojos,
aunque sea riendo
del que está muriendo. 10

75

¿A quién contaré mis quejas,
mi lindo amor?
¿A quién contaré yo mis quejas
si a vos no?

76

Luna que reluces,
toda la noche alumbres.
¡Ay, luna, que reluces
blanca y plateada,
toda la noche alumbres 5
a mi linda enamorada!
Amada que reluces,
toda la noche alumbres.

Poetas de inspiración tradicional

Juan del Encina

77

Ojos garzos ha la niña:
¡quién los enamoraría!

Son tan bellos y tan vivos
que a todos tienen cautivos,
mas muéstralos tan esquivos
que roban el alegría.

Roban el placer y gloria,
los sentidos y memoria;
de todos llevan victoria
con su gentil galanía.

Con su gentil gentileza
ponen fe con más firmeza;
hacen vivir en tristeza
al que alegre ser solía.

Fin

No hay ninguno que los vea
que su cautivo no sea.
Todo el mundo los desea
contemplar de noche y día.

78

No te tardes que me muero,
carcelero,
no te tardes que me muero*.

Apresura tu venida
porque no pierda la vida,
que la fe no está perdida,
carcelero,
no te tardes que me muero.

Bien sabes que la tardanza
trae gran desconfianza;

---

* El amor como cárcel es una expresión simbólica muy empleada en la literatura medieval, tanto en la poesía –tradicional y trovadoresca– como en la prosa narrativa.

ven y cumple mi esperanza,
carcelero,
no te tardes que me muero.

Sácame de esta cadena,
que recibo muy gran pena, 15
pues tu tardar me condena.
Carcelero,
no te tardes que me muero.

La primer vez que me viste
sin te vencer me venciste; 20
suéltame, pues me prendiste.
Carcelero,
no te tardes que me muero.

La llave para soltarme
ha de ser galardonarme, 25
proponiendo no olvidarme.
Carcelero,
no te tardes que me muero.

GIL VICENTE

79

Dicen que me case yo:
no quiero marido, no.

Más quiero vivir segura
n'esta tierra a mi soltura,
que no estar en ventura 5
si casaré bien o no.
Dicen que me case yo:
no quiero marido, no.

Madre, no seré casada
por no ver vida cansada, 10
o quizá mal empleada
la gracia que Dios me dio.

Dicen que me case yo:
no quiero marido, no.

No será ni es nacido 15
tal para ser mi marido;
y pues que tengo sabido
que la flor yo me la só[7].
Dicen que me case yo:
no quiero marido, no. 20

[7] *Quiere decir que desea ser dueña de su virginidad, y no entregársela a un marido.*

80

Muy graciosa es la doncella,
¡cómo es bella y hermosa!

Digas tú, el marinero
que en las naves vivías,
si la nave o la vela o la estrella 5
es tan bella.

Digas tú, el caballero
que las armas vestías,
si el caballo o las armas o la guerra
es tan bella. 10

Digas tú, el pastorcico
que el ganadico guardas,
si el ganado o los valles o la sierra
es tan bella.

81

En la huerta nace la rosa:
quiérome ir allá
por mirar al ruiseñor
cómo cantabá.

Por las riberas del río 5
limones coge la virgo:

quiérome ir allá
por mirar al ruiseñor
cómo cantabá.

Limones cogía la virgo   10
para dar a su amigo:
quiérome ir allá
por mirar el ruiseñor
cómo cantabá.

Para dar a su amigo   15
en un sombrero de sirgo[8]:
quiérome ir allá
por ver al ruiseñor
cómo cantabá.

[8] **sirgo:** *tela hecha o bordada de seda.*

Glosario

abad: el que gobierna un convento o monasterio.
abarcas: calzado rústico que utilizaban los campesinos.
acémilas: animales de carga.
aceña: molino de agua.
acicalado: pulido o bruñido.
acordado: armonioso.
acordar: recordar.
acuchillar: hacer aberturas a modo de cuchilladas en las mangas.
adarga: escudo ligero forrado de cuero.
adarve: camino situado en lo alto de la muralla, por detrás de las almenas.
agraz: amargo, inmaduro.
aguijar: espolear al caballo.
aína: pronto, fácilmente.
ajenuz: arañuela, planta ranunculácea usada en jardinería.
ajuar: la dote o los bienes que los padres daban a sus hijas cuando se casaban.
albricias: expresión de júbilo; regalo que se hacía antiguamente al que daba una buena noticia.

alcándara: especie de percha, tanto para colgar ropas como para atar aves de caza de cetrería.
alcohol: polvo usado como cosmético para sombrear las cejas y los párpados.
alcor: colina o collado.
alevoso: traidor.
alfaquí: doctor o sabio en la ley islámica.
alférez: oficial de baja graduación que porta la bandera.
alguacil: funcionario público que ejercía labores de policía.
almete: pieza de la armadura antigua que cubría la cabeza.
alnado: hijastro.
allende: de allá, del otro lado, de tierras remotas.
ánades y lavancos: dos especies de patos.
áncoras: anclas.
andariego: villano de a pie, por oposición a caballero; vagabundo.
angosto: estrecho.
ánsar: ganso.
añafiles: trompetas moras.
aradas: tierras de labor.
ardid: maniobra hábil o astuta.
ardidos: valientes.
argallo: ropa larga de abrigo.
armas de fuste: armas de madera propias para torneos o exhibiciones.
arnés: conjunto de piezas de la armadura que protegían el cuerpo.
arras: bienes que el marido entrega a su esposa para compensar los que ella aporta al matrimonio, que constituyen la dote.
arrayán: arbusto decorativo de flores azuladas y olorosas.
arrecido: aterido, entumecido por el frío.
arrieros: los que conducen animales de carga.
arveja: guisante; aquí se utiliza con el sentido de que algo vale poco.

arzón: una parte de la silla de montar.
asaz: mucho, bastante.
aterrar: derribar, abatir.
avisado: entendido, docto.
ayuso: abajo.
azor mudado: que ya ha mudado la pluma y es por tanto adulto y apto para cazar.
babieca: persona boba y torpe.
baldón: insulto, afrenta.
bellidos: bellos, agraciados.
bohordo: lanza corta arrojadiza que se empleaba en juegos y deportes caballerescos.
bordadura: labor en forma de relieve con que se adornaban algunos paños.
botarga: especie de calzón ancho y largo usado antiguamente.
brial: vestido de tela o seda rica.
cabezón: cuello ancho que sobresalía de la camisa.
cachicuerno: con las cachas o el mango hechos de las astas de algún animal.
camarera: dama que sirve a una señora principal.
camarero: asistente o ayuda de cámara, antiguamente persona de elevada condición que servía a los reyes o grandes señores.
camisa: prenda interior que estaba en contacto con la piel.
camisón: antiguamente, camisa de hombre.
capas aguaderas: capas hechas con juncos o tela impermeable para protegerse de la lluvia.
capuz: capa o capote con capucha.
carillo: diminutivo de querido.
carta de creencia: carta credencial, que acredita al que la porta.
casos: desgracias producidas por las caídas bruscas de fortuna.
caudal: mayor, principal.
cava: foso.
cazón: un tipo de tiburón.
cendal: tela de seda o lino muy delgada.

ciclatón: prenda que se ponía encima de la camisa.
cimera: penacho de plumas u otros adornos que se colocaba en el yelmo o casco de los caballeros.
cincha: correa para sujetar la silla de montar u otros aparejos de las caballerías.
coberturas: cubiertas largas de gala, muy vistosas, hechas de diferentes tejidos, que se ponían a las caballerías.
colodrillo: parte posterior de la cabeza.
concejo: ayuntamiento.
consonante: de manera que las voces oídas simultáneamente producían un efecto agradable.
contray: paño fino procedente de esa localidad de Flandes.
coronado: sacerdote, por llevar rasurada en la parte posterior de la cabeza una pequeña corona, llamada también tonsura.
cuadrillo: saeta o flecha de punta piramidal.
cuidados: preocupaciones, penas.
cuidoso: entristecido, apenado.
cuita: sufrimiento, congoja.
chapín: calzado femenino antiguo.
de gracia: gratis.
de grado: de buena gana, con agrado.
delanteras: atajos.
denostar: insultar, hablar mal de alguien.
desaguisado: injusticia o arbitrariedad.
descreídas: no creyentes, infieles.
desmaídas: desmayadas.
devaneo: cosa sin importancia, frivolidades.
dicción: tacha, pecado, falta.
dinero: moneda de poco valor.
dobla: moneda de oro de origen árabe.
donosa: agradable.
dueñas: señoras, damas.
embargado: inútil, de pocas luces.
encañar: cuando el tallo del cereal se seca y queda listo para segarse.

encrucijada: cruce de caminos.
endechas: lamentaciones o cantos fúnebres.
enhiestos: erguidos, levantados.
enjundias: grasas.
enrique: moneda de oro equivalente a una dobla, acuñada por Enrique IV de Castilla.
enseña: estandarte, bandera.
entiza: estimula, aguijonea.
escaño: asiento.
espadaña: planta herbácea con hojas alargadas y en forma de espada.
espeto: barra de hierro u otro material con el que se atraviesan las piezas que se asan al fuego.
estofar: bordar o disponer la tela de algunas prendas de manera que formen relieve.
estrado: tarima.
fabridas: labradas.
filetes: ciertos adornos que se ponen en los vestidos.
finar: morir.
finida: versos que forman la conclusión de algunas composiciones poéticas antiguas.
folía: locura, pecado.
fragosa: áspera, accidentada.
galanía: gallardía, lozanía, prestancia.
galardón: premio.
galera: embarcación de vela y remo.
garnacha: vestido largo y de mucho abrigo.
garrida: lozana y bien parecida.
garzos: azules.
giga: pequeña viola con tres cuerdas.
glera: arenal pedregoso de un río.
gola: pieza de la armadura que protegía la garganta.
grandes: los nobles más destacados.
guarnida: amurallada, defendida.
haberes monedados: dinero en metálico.
hadeduro: desgraciado.
haz: fila.

heredades: posesiones, haciendas que se han transmitido por herencia.
holanda: tela fina.
holgar: descansar.
holgarse: alegrarse, sentirse satisfecho.
huesa: fosa, sepultura.
humil: en actitud sumisa.
hurraco: un tipo de tocado femenino.
infanzones: miembros de uno de los estamentos inferiores de la nobleza.
jarcia: aparejos del velamen de un barco.
jubón: vestidura que cubría desde los hombros hasta la cintura, ceñida y ajustada al cuerpo.
justas y torneos: combates deportivos entre caballeros.
labrados: bordados.
labrando: cosiendo, bordando.
lacerio: sufrimiento.
lardo: graso.
lasamente: cansadamente.
laudes: alabanzas; ciertos oficios litúrgicos.
lego: seglar, laico, ignorante, que no es clérigo.
liberal: generoso, desprendido.
liberalidad: generosidad.
lid: lucha, dificultad.
livianos: ligeros, ágiles.
loriga: vestidura cubierta de pequeñas láminas de acero que cubría todo el cuerpo.
lozano: orgulloso.
luego: hasta el siglo XVII significa «enseguida», «al momento».
maestros: cirujanos.
malandanza: desgracia, mala fortuna.
mancilla: lástima, compasión.
mandar: dar en herencia.
mantellín de tornasol: especie de mantilla que cubre la cabeza y los hombros hecha de tela de colores brillantes que cambian de matiz según la luz.

marco: moneda castellana, de plata o de oro, de ocho onzas (unos 230 gramos).
medroso: timorato, asustadizo.
merino: juez delegado del rey.
mesnada: grupo, compañía.
mesnadas: tropas, huestes.
mesura: comedimiento, sensatez.
mesurado: comedido.
misacantano: el que canta misa, es decir, sacerdote.
notar: dictar.
nuevas: noticias.
ordenanza: armonía.
organan: cantan armoniosamente.
orior: oropéndola, ave estimada por su canto.
otero: colina, pequeña elevación del terreno.
pagado: contento, satisfecho.
paramento: sobrecubierta que se ponía a los caballos en los torneos.
parcionero: que comparte algo con otro.
patán: persona tosca e inculta.
pavón: pavo real.
payo: pastor, rústico, aldeano.
pendón: banderín o gallardete.
penuria: miseria, escasez.
peñavera: piel de la marta cibelina o armiño.
peones: en los ejércitos medievales, los que luchaban a pie.
por trovas: en verso.
porfía: empeño, tozudez.
portazgo: pago o impuesto por pasar un puerto o paso de montaña.
portillo: boquete o abertura en la muralla.
postigo: entrada secundaria de una muralla.
preste: sacerdote.
prez: estima, honra o consideración.
prior: importante cargo en algunas instituciones religiosas.
pro: provecho o interés.

queda: quieta.
quinto: a quinta parte del botín, que era la que le correspondía al jefe.
ración: renta eclesiástica aneja a las catedrales o colegiatas. Sus beneficiarios se llamaban «racioneros».
raso: tela de seda lisa y brillante.
real: campamento.
rebata: apuro.
recamos: distintos tipos de realces para adornar los vestidos.
recaudo: precaución, cuidado.
recordar: despertar, reflexionar.
recuesta: requerimiento.
reparo: defensa o fortificación.
romance: obra en lengua vulgar.
rotero: el que toca la rota, una especie de arpa.
sabrido: sabroso.
salpreso: conservado en sal.
salterio: instrumento musical de cuerda en forma de caja abierta por arriba. Las cuerdas se pulsan con un macillo, una púa o las manos.
sanía: saludable.
saña: ira, pero también tristeza.
sañudo: cruel.
saraos: fiestas de sociedad.
sencido: intacto, no hollado.
servir: en el lenguaje cortés de la época quiere decir «amar».
seso: prudencia, sensatez.
siniestro: izquierdo.
sirgo: tela hecha o bordada de seda.
sobejano: grande, sobrado.
sobregonel: túnica de seda o piel sin mangas que se ponía sobre la loriga.
sobrepelliz: vestidura larga y ancha de mangas y talle que se ponía sobre la ropa en algunas ceremonias litúrgicas.
solaz: entretenimiento, placer.

solazarse: divertirse.
solimán: producto tóxico.
tabardo: gabán sin mangas de paño tosco o piel que solían usar los campesinos.
tablados: armazones que los caballeros de la Edad Media, como deporte, debían derribar a lanzadas.
tajadero: pieza gruesa de madera sobre la que se corta la carne.
tasajo: carne curada o en salazón.
toca o tocado: prenda de tela con que las mujeres se cubrían la cabeza. También puede aludir al peinado u otros adornos.
tornabodas: fiestas posteriores a las bodas; su duración dependía del nivel social de los esposos.
toronjil: planta herbácea aromática y con ciertas propiedades medicinales.
torre mocha: que no está terminada, o quizá que no está rematada o culminada con un chapitel o cubierta puntiaguda.
traínas: redes.
troco: cambio.
trochas: sendas o veredas de montaña.
trotero: mensajero.
tudesco: una especie de abrigo originario de cierta región de Alemania.
tuero: leño grueso que se pone al fondo del hogar.
ufana: arrogante, alegre, satisfecha.
vereda: senda.
vicioso: cómodo, gustoso.
vincular: dar a alguien un bien a perpetuidad.
violero: tañedor de viola.
vivos: cordoncillos que se ponen en las costuras de algunas prendas de vestir.
vocero: cantor.
yantar: comer.
yerros: errores, pecados.

PROPUESTA DIDÁCTICA

ACTIVIDADES

1. ACTIVIDADES DE COMPRENSIÓN

El *Cantar de Mio Cid*

1. «El Cid sale para el destierro»
   a) ¿Qué piensan los burgaleses del héroe? Indica la frase en que se resume la opinión que tienen del Cid.
   b) ¿Por qué nadie se atreve a acogerle?
   c) Indica el motivo por el que la hija del posadero le pide al Cid que se vaya.

2. «Defensa de Alcocer»
   a) Señala los principales lances de esta batalla y las diversas armas y tácticas guerreras que se emplean.
   b) ¿Resulta verosímil el resultado de la batalla, o piensas que el juglar exagera un poco?
   c) Caso de ser así, ¿por qué tendría interés en hacerlo?

3. «Conquista de Valencia»
   a) Una de las formas de conquistar una ciudad durante la Edad Media era median-

te el asedio. Es lo que hace el Cid para apoderarse de Valencia. Indica los aspectos más destacados del cerco de Valencia.

b) El Cid manda divulgar su propósito de conquistar esta ciudad. ¿Qué objetivo persigue?

c) Al final de este texto se hace recuento de los beneficios obtenidos tras la conquista de Valencia: enuméralos.

4. «El Cid recibe en Valencia a su mujer y sus hijas. Defensa de la ciudad»
   a) Describe la escena en que el Cid recibe en Valencia a su mujer y a sus hijas.
   b) ¿Qué impresión les causa a éstas la contemplación de la ciudad desde lo alto del alcázar?
   c) El rey Yusuf de Marruecos quiere reconquistar Valencia y se planta ante la ciudad con un gran ejército. ¿Qué actitud manifiesta el Cid ante enemigos tan numerosos?
   d) ¿Por qué el Cid trata de pelear a la vista de su mujer y sus hijas?
   e) Ante la difícil situación que se le presenta, el Cid reacciona con humor. Indica dónde se manifiesta este rasgo.

5. «El Cid obtiene el perdón del rey»
   a) Describe la escena en que el rey perdona al Cid.
   b) ¿Agrada a todos que el Cid sea perdonado?
   c) Al final entran en escena los infantes de Carrión, pertenecientes a una poderosa familia enemiga del Cid. ¿Por qué ahora lo tratan con tanto respeto? ¿Qué persiguen en realidad?

6. «La afrenta de Corpes»
   a) Indica cuál es el motivo por el que los infantes maltratan a las hijas del Cid.
   b) ¿Qué deseo expresa el juglar ante la villanía que están cometiendo los infantes?
   c) Las muchachas les advierten que se les castigará por lo que les están haciendo. ¿Se cumple luego esta advertencia? ¿Dónde y cómo?
   d) ¿Es éste un episodio verídico o inventado? ¿Qué función desempeña en la obra?

7. «El Cid recupera y acrecienta su honra»
   a) ¿Por qué el Cid acrecienta su honra?
   b) Comprueba si las bodas de las hijas del Cid con los infantes de Aragón y Navarra son históricas.
   c) ¿Crees que este final es el broche más adecuado del *Cantar de Mio Cid*?

Jarchas y lírica gallego-portuguesa

1. Textos 8-14.
   a) ¿Cuál es el tema común a estos textos?
   b) ¿Con qué sentimientos se expresa este tema en los diferentes poemas?
   c) ¿Desde qué perspectiva están formulados estos poemas?, o, lo que viene a ser lo mismo, ¿qué voz es la que se deja oír en estas cancioncillas?
   d) Aparte del tema común, la mayoría de estos poemas comparten otro rasgo. ¿En qué consiste?
   e) Estos textos reflejan una lengua romance todavía en un estado muy primitivo de evolución, pero también presentan indicios de otras lenguas que se hablaban

6. «La afrenta de Corpes»
   a) Indica cuál es el motivo por el que los infantes maltratan a las hijas del Cid.
   b) ¿Qué deseo expresa el juglar ante la villanía que están cometiendo los infantes?
   c) Las muchachas les advierten que se les castigará por lo que les están haciendo. ¿Se cumple luego esta advertencia? ¿Dónde y cómo?
   d) ¿Es éste un episodio verídico o inventado? ¿Qué función desempeña en la obra?

7. «El Cid recupera y acrecienta su honra»
   a) ¿Por qué el Cid acrecienta su honra?
   b) Comprueba si las bodas de las hijas del Cid con los infantes de Aragón y Navarra son históricas.
   c) ¿Crees que este final es el broche más adecuado del *Cantar de Mio Cid*?

Jarchas y lírica gallego-portuguesa

1. Textos 8-14.
   a) ¿Cuál es el tema común a estos textos?
   b) ¿Con qué sentimientos se expresa este tema en los diferentes poemas?
   c) ¿Desde qué perspectiva están formulados estos poemas?, o, lo que viene a ser lo mismo, ¿qué voz es la que se deja oír en estas cancioncillas?
   d) Aparte del tema común, la mayoría de estos poemas comparten otro rasgo. ¿En qué consiste?
   e) Estos textos reflejan una lengua romance todavía en un estado muy primitivo de evolución, pero también presentan indicios de otras lenguas que se hablaban

en la Península. Indica algunos ejemplos
que demuestren ambos extremos.

2. Textos 15-17.
   a) Señala los aspectos comunes entre estos
   poemas y las jarchas.
   b) También difieren en algunos detalles; indícalos.

El mester de clerecía y los *Proverbios morales* de Sem Tob de Carrión

1. Texto 18: «Introducción».
   a) La «Introducción» a *Los milagros de Nuestra Señora* es un texto alegórico. Explica qué es una alegoría y cuáles son en este caso los elementos que la integran.

2. Texto 19: «El ladrón devoto».
   a) Resume el contenido de este texto.
   b) Indica los rasgos por los que pertenece al mester de clerecía.

3. Texto 20: «El clérigo ignorante».
   a) ¿Qué razones aporta el obispo para destituir al clérigo?
   b) ¿Cuáles aporta la Virgen para defenderlo y qué amenazas lanza contra el obispo si no repone al clérigo en su cargo?
   c) ¿Qué conclusiones se extraen de estos dos relatos?

4. Textos 21 y 22.
   a) En el texto 21, el Arcipreste nos habla de su propio libro y pone varios ejemplos para que de ellos extraigamos la idea que quiere transmitirnos acerca del mismo. Resume la idea principal que puede deducirse de este texto.

b) También en el texto 22 el autor trata de advertirnos sobre la atención cuidadosa que debemos prestar al libro para interpretarlo correctamente. ¿De qué manera se relaciona el cuento del griego y el romano con este propósito?
   c) ¿Qué otras recomendaciones hace el Arcipreste al lector en las estrofas finales de este texto?

5. Texto 23.
   a) Comenta lo que se dice en los dos versos finales de este texto en relación con el planteamiento un tanto contradictorio y desconcertante del libro, ya comentado en la introducción, puesto que, a pesar de que se trata de una obra destinada a que el lector se oriente hacia el buen amor, casi todos los ejemplos se refieren a situaciones de «loco amor».

6. Texto 24.
   a) Enumera algunos de los efectos que produce el amor en las personas que están bajo su dominio.

7. Texto 25.
   a) Resume el contenido de esta historia.
   b) Comenta el comportamiento de la mujer en la misma.
   c) Explica la conclusión que puede extraerse de este cuentecillo.

8. Texto 26.
   a) Es frecuente que en la literatura se critique el poder del dinero porque es la causa de muchas perturbaciones en las personas y en la sociedad. Comenta al-

gunas de las corrupciones que origina en ocasiones con su gran poder el dinero.

9. Texto 27.
   a) En el libro se incluyen varios episodios en los que se refieren diversos encuentros del Arcipreste con algunas serranas. Explica quiénes eran estas mujeres y qué rasgos presentaban.
   b) ¿En qué sentido se invierten los papeles en estos casos en relación con las restantes aventuras amorosas que le suceden al narrador-protagonista?

10. Texto 28.
    a) ¿Por qué es éste un texto alegórico?
    b) Explica el sentido que posee la batalla entre don Carnal y doña Cuaresma. Enumera algunos de los «combatientes» de ambos bandos.
    c) Presentar ideas y conceptos mediante escenas animadas, como ocurre en este caso, ¿crees que resultaba eficaz para que las captara el público de la época? Razona tu respuesta

11. Texto 29.
    a) Resume el contenido de este texto y comenta la enseñanza que se puede extraer de él.
    b) Reproduce algunos versos en los que se condense la idea que el autor quiere transmitirnos.

12. Texto 31.
    a) Enumera las cualidades de la mujer pequeña que destaca el autor y los elementos con los que la compara.

b) En la estrofa final se produce un brusco cambio de perspectiva. Indica en qué consiste.

c) Comenta la visión que tiene el Arcipreste de la mujer, según lo observado en este texto.

13. Texto 32.
Los proverbios de Sem Tob contienen ideas diversas, algunas de las cuales se mencionan en la introducción. Indica en qué estrofas se expresan las siguientes:

a) «No hay que menospreciar a nadie por su apariencia o su origen, porque el valor de una persona no está condicionado por estas circunstancias».

b) «Las cosas de aspecto agradable pueden esconder algún mal» (lo cual corrobora la idea de que no hay que fiarse de las apariencias).

c) «Hay que conformarse con lo que se tiene, porque siempre podremos encontrar a alguien más necesitado que nosotros».

d) «A veces, para obtener un bien hay que pasar por trances amargos o penosos».

e) «Más vale estar solo que mal acompañado».

f) «Sólo vivirás tranquilo si cultivas la amistad y buscas la paz».

g) «La sabiduría es el bien más grande que podemos alcanzar».

h) A la vista de todo lo anterior, ¿te parece que el concepto de la vida que expone el autor en estas reflexiones rimadas es propio de un idealista, o de una persona práctica?

La poesía del siglo XV: el Marqués de Santillana y Jorge Manrique

1. Textos 33-35.
   a) Explica cuál es la situación común que presentan estos poemas.
   b) Indica las diferencias que encuentres entre las *serranillas* del Marqués de Santillana y las *serranas* del Arcipreste.

2. Texto 37.
   a) Resume el contenido del texto.
   b) Analiza la forma métrica.
   c) Indica qué tópico literario desarrolla.

3. Texto 38: *Coplas a la muerte de su padre,* de Jorge Manrique.
   a) Resume el contenido de las cuatro partes en que puede dividirse la obra
      1.ª: estrofas 1-13.
      2.ª: estrofas 14-24.
      3.ª: estrofas 25-32.
      4.ª: estrofas 33-40.
   b) Explica la estrofa III e indica qué figura literaria incluye.
   c) Comenta la estrofa V y señala algún otro ejemplo que conozcas en el que se muestre la vida como un camino.
   d) En la estrofa XI se desarrolla el tópico de la *fortuna mutabile*. Indica en qué consiste.
   e) A lo largo del poema, el autor incluye imágenes y ejemplos de la vida guerrera, de la cual tenía una experiencia directa. Indica y explica los casos que encuentres.
   f) ¿Cuál es la razón por la que cuando el poeta enumera casos de personajes que han sufrido de forma inesperada y cruel

la llegada de la muerte se refiere a casos próximos en el tiempo y conocidos por sus contemporáneos?

g) ¿Por qué, por el contrario, cuando alude a las virtudes de su padre, Jorge Manrique lo compara con los grandes personajes de la Antigüedad?

h) ¿Qué figura retórica y qué tópico literario encuentras en las estrofas XVI y XVII?

i) Infórmate acerca de todos los personajes a los que se alude en el poema, sobre todo de los que corresponden a la España de la época.

j) Comenta la escena de la muerte de don Rodrigo Manrique y las particularidades que ofrece en comparación con la visión de la muerte que se tenía en la Edad Media.

k) En el poema se habla de tres vidas que afectan al hombre. ¿Cuáles son, según las creencias de la época?

l) Explica algunas metáforas del texto en las que se expresa la brevedad de la vida humana, como, por ejemplo, «verdura de las eras» y «rocío de los prados».

m) Comenta el tono general del poema y el tipo de lenguaje empleado.

El Romancero viejo o tradicional

1. Textos 39-42: romances del ciclo de don Rodrigo, último rey visigodo.

   «Don Rodrigo y la Cava»
   a) ¿Por qué nombre se menciona también a la Cava?
   b) ¿A quién se atribuye la culpa de lo sucedido?

«La traición del conde don Julián»
a) ¿Por qué y de quién quiere vengarse don Julián?
b) ¿Te parece proporcionada la venganza que ha tramado en relación con la afrenta sufrida?
c) Busca en una antología de la literatura medieval el fragmento de la *Crónica General,* de Alfonso X el Sabio, en el que se hace un elogio España y compáralo con el que se realiza en este texto.
d) El texto incluye una parte narrativa, otra descriptiva, además de otra valorativa. Indica los versos que corresponden a cada una.

«El reino perdido»
a) Este romance termina con una lamentación del rey don Rodrigo. Señala los principales aspectos en que se centra su intensa congoja.

«La penitencia del rey Rodrigo»
a) Enumera los personajes que intervienen en este romance.
b) ¿Por qué el ermitaño se niega a absolver de su pecado a don Rodrigo?
c) ¿En qué consiste la penitencia del rey?

2. Textos 43-45: romances del ciclo de los infantes de Lara.

«Bodas de doña Lambra y don Rodrigo de Lara»
a) En unos versos de este romance se anticipa la tragedia posterior. Señálalos.
b) La madre de los infantes, doña Sancha, intuye la tragedia y trata de evitarla: indica los versos en que esto se advierte

c) ¿Cuál es el motivo por el que doña Lambra se enemista con los infantes de Lara?

«El llanto de Gonzalo Gustioz»
a) Anota los nombres de los hijos de don Gonzalo Gustioz.
b) Almanzor, que al principio está satisfecho por la muerte de los infantes, luego trata de reparar el dolor de su padre: ¿de qué manera?

«Mudarra venga a sus hermanos»
a) Explica las circunstancias en que se produce la venganza.

3. Textos 46-50: romances del ciclo del Cid y del cerco de Zamora.

«Quejas de doña Urraca ante su padre»
a) El reparto que Fernando I hace de sus reinos a sus hijos se ajusta bastante a la realidad histórica. En un principio, las hijas (no sólo Urraca, sino también Elvira) no figuran entre los herederos, y eso motiva las quejas de doña Urraca. ¿De qué manera presiona doña Urraca a su padre para que le otorgue algún territorio?
b) ¿Qué parece significar el silencio de don Sancho, el hijo primogénito, ante la decisión de su padre?
c) ¿De qué manera enlaza esta actitud con los episodios referidos en los romances siguientes?

«Quejas de doña Urraca contra el Cid»
a) El Cid se acerca a los muros de Zamora para parlamentar con los sitiados y pedirles que rindan la ciudad, pero Urraca no sólo se niega, sino que lanza algunos re-

proches de carácter personal contra el Cid. Explica en qué consisten y cuál es la actitud del Cid ante las quejas de la infanta.
b) Indica algunos de los rasgos formales y expresivos de los romances viejos que contiene éste.

«Traición de Vellido Dolfos»
a) Enumera las características propias de los romances tradicionales que encuentres en el texto.
b) El romance da por cierto que la muerte del rey don Sancho II fue tramada por su hermana, la infanta doña Urraca. ¿Dónde se indica?
c) El romance anuncia en su comienzo lo que sucederá más abajo, ¿qué efecto expresivo produce este recurso?

«Bodas del Cid y doña Jimena»
a) Sin duda, la boda del Cid y doña Jimena tuvo que ser una de las más sonadas de las celebradas en los reinos cristianos de la España del siglo XI. ¿Qué interés añadido tenía esta boda además de la importancia social de los cónyuges?
b) Comenta las palabras que le dice el Cid a Jimena ante el altar y por qué les parecen a los presentes discretas y acertadas.

«Jura de Santa Gadea»
a) En otros romances sobre el mismo tema el rey se muestra indeciso antes de pronunciar su juramento, lo que venía a sembrar la duda acerca de su inocencia; sin embargo, aquí jura sin titubeos, aunque adopta una actitud vengativa y rencorosa contra el Cid, y en la reacción altiva de éste se justifia el destierro del

héroe. Compara la actitud del Cid con la manifestada en los textos del *Cantar de Mio Cid* incluidos en esta antología y señala las diferencias que encuentres entre el personaje del *Cantar* y el del Romancero.

4. Texto 51: «Doña Alda».
   a) Resume el contenido de este texto.
   b) Este romance se desarrolla a partir de un sueño premonitorio, un motivo bastante frecuente en las literaturas antiguas. Menciona otra obra, de cualquier época o cultura, en la que aparezca este recurso.
   c) Infórmate acerca de otros caballeros del emperador Carlomagno compañeros de Roldán.
   d) Indica las figuras literarias que aparecen entre los versos 5 y 11.

5. Texto 52: «Muerte de Durandarte».
   a) En un tipo de literatura de transmisión eminentemente oral como la que corresponde al Romancero es frecuente que se produzcan variantes y, a veces, una confusión entre personajes y otros elementos de la historia contada. Así ocurre en este caso, en el que Durandarte, que era en realidad el nombre de la espada de Roldán, se convierte en un compañero del héroe franco, que muere con él en la batalla de Roncesvalles. Y esta confusión se ha mantenido posteriormente y es recogida incluso en el episodio de la cueva de Montesinos que figura en el *Quijote* (II-23). Señala las diferencias entre esta versión de la leyenda de Durandarte y la que aparece en la obra cervantina.

6. Texto 54: «Gerineldo y la infanta».
   a) También de materia carolingia, pero de temática novelesca y sentimental, es este romance. Señala las características propias de los romances que encuentres en el texto.

7. Texto 55: «La amiga de Bernal Francés».
   a) El desenlace de esta historia está anticipado en los primeros versos. ¿En cuáles concretamente?
   b) ¿Qué quiere expresar el marido agraviado cuando dice que le ha traído algunos regalos a su esposa?
   c) ¿Cómo se mantiene la expectación del lector o el oyente en el desarrollo del romance?

8. Texto 56: «El veneno de Moriana».
   a) Si en el romance anterior un marido engañado por su esposa se vengaba de ella, en éste se invierten los términos, porque ahora es una muchacha la que se toma venganza de un antiguo amante, que la ha abandonado para casarse con otra. ¿Qué instrumentos de venganza utiliza Moriana?

9. Texto 57: «El conde Niño».
   a) ¿Qué idea resume la historia contenida en este romance?
   b) ¿Por qué la reina quiere impedir que su hija se case con el conde Niño?
   c) ¿Qué elementos sobrenaturales se incluyen en este romance y de qué manera se relacionan con el tema del mismo?

10. Texto 58: «El enamorado y la muerte».
    a) ¿Por qué el enamorado, cuando siente la muerte próxima, va a casa de su amada?

b) ¿De qué manera se relaciona este romance con el anterior?
c) ¿Qué visión se nos ofrece de la muerte en este texto?
d) Indica el significado que puede tener el cordón de seda que se rompe cuando el enamorado intenta escalar la ventana de su amada.

11. Texto 59: «Fonte Frida».
   a) Resume la escena que se presenta en este romance.
   b) ¿Por qué la tortolica rechaza el amor del ruiseñor?
   c) ¿Qué representan la tortolica y el ruiseñor?
   d) Enumera los improperios que la tortolica lanza contra el ruiseñor e indica qué quiere significar con ello.

12. Texto 60: «El infante Arnaldos».
   a) Este romance nos presenta una escena en la que queda sin concretarse lo principal. ¿Qué elementos se omiten en el texto para que domine en él la incertidumbre?
   b) Comenta las sugerencias que puede suscitar este romance en función de los datos que se desconocen del mismo.

13. Texto 61: «Misa de amor».
   a) Resume el contenido del texto y comenta el tono del mismo.
   b) ¿Desde qué perspectiva o punto de vista está formulada la presentación de la escena relatada en este romance?

14. Texto 63: «Romance de Álora».
   a) ¿En qué persona gramatical aparece formulado este romance en los primeros versos?

b) Es frecuente que los romances incluyan algunas apelaciones a los oyentes, bien para reclamar su atención o para representarles más vivamente una escena. Indica si aparece en este texto alguna expresión de este tipo.
   c) Es característico de los romances viejos que acaben en un momento culminante de la acción narrada, pero sin que se concluya la historia que refieren. Comenta este aspecto en el romance de Álora.
   d) Indica los rasgos que sitúan este romance en el grupo de los «fronterizos».

15. Textos 64 y 65.
    a) Indica los personajes que intervienen en el romance de «Abenámar».
    b) ¿Cómo se comporta el rey don Juan en relación con la ciudad de Granada, presentada como si de una mujer se tratase?
    c) ¿En qué clase de romances incluirías este texto: entre los fronterizos o entre los moriscos? Razona la respuesta.
    d) Haz lo mismo con el romance «La pérdida de Alhama».
    e) Desde los romances de la pérdida de España por culpa del rey don Rodrigo al anuncio de la conquista de Granada por parte de los cristianos han transcurrido casi ocho siglos de Reconquista. Trata de encontrar las relaciones y semejanzas entre este romance y los que narraban el fin del reino visigodo en la Península.

La lírica tradicional

16. Texto 66.
    a) Comenta la descripción en términos negativos que realiza el poeta de la isla en

que ha muerto Guillén Peraza y las maldiciones que echa sobre ella.
b) Hacer a la naturaleza partícipe del dolor humano es un recurso corriente en poesía. Indica cómo se manifiesta en este texto.
c) Señala las figuras retóricas que encuentres en la última estrofa de este texto.

17. Texto 67.
a) Indica las semejanzas y diferencias entre este poema y los pertenecientes a las jarchas y a la lírica galaico-portuguesa.
b) ¿En qué grupo de poemas líricos medievales incluirías este texto, atendiendo al contenido del mismo?

18. Texto 68.
a) Este texto, por su contenido, puede relacionarse con los cantos tradicionales vinculados con ciertas labores agrícolas, pero también presenta, como la mayoría de dichas canciones, un contenido amoroso. Señala los indicios donde este aspecto se manifieste.

19. Textos 69-76.
a) En este conjunto de poemas, todos de temática amorosa, algunos están enunciados desde el punto de vista de una joven que expresa sus sentimientos, y otros desde una perspectiva masculina. Indica por separado los que pertenecen a uno y otro grupo.
b) A tu juicio, y según lo expuesto en la introducción, ¿cuáles pertenecerían a una tradición más antigua?
c) Es muy frecuente que en la poesía primitiva de inspiración tradicional se utili-

ce el procedimiento paralelístico. Señala algunos poemas de este conjunto en los que se emplee este procedimiento.

d) En algunos de estos poemas, todos posteriores a las jarchas y a la poesía galaico-portuguesa, pervive un recurso característico de estas composiciones poéticas: la presencia de un confidente a quienes los enamorados comunican sus inquietudes amorosas. Indica los poemas en que figura dicho procedimiento poético.

20. Textos 77-81.

a) Los poetas cultos de finales del XV y principios del XVI, como Juan del Encina y Gil Vicente, suelen imitar en sus obras líricas la poesía anónima de carácter tradicional recogida en los cancioneros. Pero a pesar de su propósito de recoger el espíritu y algunos de los procedimientos de esa lírica tradicional, los textos de estos autores presentan algunas diferencias sustanciales respecto a los genuinamente populares. Señala las principales similitudes y diferencias entre los textos de estos dos poetas aquí seleccionados y los de la lírica tradicional incluidos en el apartado anterior.

2. ACTIVIDADES DE RECAPITULACIÓN

1. El Cid, tal como se nos presenta en el *Cantar*, no es un personaje de una pieza, concebido mediante un único rasgo de su carácter o de su conducta, sino como un individuo relativamente complejo, y que, por lo tanto, muestra en su personalidad y su conducta diversas facetas. Resume, a par-

tir de los textos seleccionados, las principales cualidades que manifiesta este héroe épico.

2. En el lenguaje de la poesía épica de todas las épocas se emplea con frecuencia un recurso denominado *epíteto épico,* que consiste en un sobrenombre que se otorga al héroe, y también a otros personajes, que sirve para caracterizarlo e identificarlo. Señala los epítetos épicos que se refieren al Cid en los textos del *Cantar de Mio Cid* seleccionados en la antología.

3. Salvo algunas –muy escasas– poesías sueltas, no se conservan testimonios escritos de la lírica castellana medieval, lo que ha hecho suponer a algunos que no hubo poesía lírica en Castilla durante la Edad Media, a diferencia de Galicia y Cataluña, donde sí se desarrolló una rica producción lírica. Sin embargo, no faltan quienes piensan que, aunque apenas se conserven textos que lo confirmen de manera indiscutible, sí hubo poesía lírica castellana durante esa época, y que ésta fue muy semejante en su temática y líneas formales a la conservada en otras lenguas peninsulares. Y aunque, por circunstancias que se ignoran, esas poesías no pasaron a la escritura, permanecieron en estado latente, conservadas en la memoria popular. Esto hizo posible que, siglos más tarde, en el XV y sobre todo en el XVI, esa tradición aflorase con fuerza y fuera recogida e imitada por diversos poetas. Teniendo en cuenta estas teorías, compara los textos de poesía tradicional castellana incluidos en la antología con los de las jarchas y la poesía galaico-portuguesa

e indica cuáles son los rasgos en que coinciden, y si bastarían para concluir que toda la poesía lírica peninsular procede de un tronco común.

4. El *Libro de buen amor* se plantea en términos generales como un debate o lucha entre, principalmente, el loco y el buen amor. Indica los principales episodios de esta obra recogidos en esta antología en los que, bajo diferentes formas, se plantea esta oposición.

5. También en el *Libro de buen amor* pueden apreciarse diversas contradicciones, algunas de las cuales se incluyen en los textos seleccionados. Señala las más llamativas, indicando en qué textos se encuentran.

6. Los tópicos literarios (*carpe diem, beatus ille, ubi sunt,* etc.), como es conocido, son diversas fórmulas en las que han cristalizado ideas y sentimientos que proceden de la Antigüedad, pero que se mantienen vigentes debido a que la mayoría de las personas, independientemente de su época, país y ámbito cultural, se sienten identificadas con lo que expresan. Por eso reaparecen continuamente en la literatura de las diferentes etapas históricas. Enumera los principales tópicos literarios que han ido apareciendo en los textos de esta antología.

7. Indica las obras integradas en esta antología que posean una clara intención didáctica, y especifica el tipo de enseñanza que se pretende conseguir en cada caso.

3. OTRAS ACTIVIDADES

Expresión oral

1. Puede llevarse a cabo una especie de rueda de prensa en la que el Cid, representado por un alumno, responda de manera razonada, y de acuerdo con lo que conocemos sobre su persona, familia y actividades a través del *Cantar de Mio Cid,* a las preguntas de los periodistas, cuyo papel desempeñará el resto de los alumnos.

2. Realícese individualmente una imaginaria entrevista al Arcipreste de Hita en la que se planteen algunos de los puntos oscuros que presenta su vida y se dé respuesta oportuna y congruente a algunas de las ambigüedades que presenta el *Libro de buen amor.*

3. Al parecer, las *cantigas de amigo* se cantaban e incluso se bailaban de una manera singular, según se detalla abajo. Pero, conscientes de la dificultad de reproducir mediante el canto en la clase estas canciones, nos podemos limitar a recitarlas, aunque al menos conservando parte del procedimiento usual en toda canción que llevaba estribillo, que consistía en que una voz cantaba las partes de la canción que cambiaban en cada estrofa, mientras que el coro le respondía cantando el estribillo, es decir, la parte que se repetía. Si hay posibilidad, se puede llevar a cabo el ritual completo, que consistía en acompañar el canto mediante un baile de dos corros concéntricos, cada uno de los cua-

les recitaba una parte (la mudanza o el estribillo), al tiempo que ambos giraban, uno en sentido contrario del otro.

4. Una de las características formales de los romances es el empleo frecuente de la dramatización, procedimiento que acentúa la vivacidad del relato, puesto que en buena parte llega al lector –o, en su caso, al oyente– directamente, a través de las voces de los personajes. Pueden dramatizarse en clase algunos romances, distribuyendo los papeles de los personajes entre distintos alumnos y asumiendo otro la voz del narrador. Eso contribuiría notablemente a perfeccionar la dicción, la expresividad y la entonación. Entre los romances que se podrían utilizar para llevar a cabo esta actividad sugerimos el de «Gerineldo y la infanta», el de «El veneno de Moriana» y el de «Abenámar», entre otros. Por supuesto, aparte de la dramatización, es recomendable que los alumnos adquieran destreza en el recitado individual en voz alta, para lo cual los romances resultan muy adecuados.

5. Las audiciones de poemas –con música o sin ella– en clase pueden resultar también muy útiles, como modelo para perfeccionar la expresión oral de los alumnos en este aspecto. Existen algunas colecciones de poemas recitados por actores, especialmente de romances; y también hay cantautores que han puesto música y voz a algunos poemas medievales. Se recomienda escuchar las versiones musicales de romances realizadas y eje-

cutadas por Joaquín Díaz, y las de Paco Ibáñez a textos del *Libro de buen amor* («Historia de Pitas Payas», «Sátira contra el poder del dinero» y «De cómo el hombre busca siempre la compañía de las hembras») y de las *Coplas* de Jorge Manrique.

6. La realización de debates sobre temas relacionados con la poesía medieval puede poner de manifiesto las afinidades estéticas, culturales, etc. entre el medievo y la época actual. Uno podría tratar sobre «Los juglares, hoy». ¿Quiénes desempeñarían hoy el papel de los juglares medievales? ¿Qué aspectos de la comunicación juglaresca han cambiado en la actualidad y cuáles se mantienen? Otro de los debates podría versar sobre los aspectos del *Libro de buen amor* que hoy conservan su actualidad, o aquellos otros que han evolucionado, y en qué sentido lo han hecho. Asimismo podría debatirse sobre la relación de la épica medieval con ciertas producciones de la cultura de masas actual.

Expresión escrita

1. Escríbase una crónica o un reportaje sobre las bodas de las hijas del Cid con los infantes de Aragón y Navarra.

2. Redáctense supuestas entrevistas a personajes relacionados con los textos de esta antología, bien en su condición de autores o en la de protagonistas (de ficción o históricos).

3. Se recomienda, para situarse en el lugar de los protagonistas de aquel suceso,

crear dos relatos breves en primera persona: uno en el que se recojan las impresiones sobre la conquista de Valencia de uno de los sitiados, y otro en el que se refleje el punto de vista de alguno de los conquistadores de la ciudad.

4. También puede resultar interesante escribir un relato en primera persona en el que hable alguno de los objetos propiedad del Cid que le haya seguido en sus campañas; por ejemplo, la espada *Tizona*.

5. Igualmente pueden reescribirse algunos de los episodios o aventuras narrados en el *Cantar,* rememorados mucho tiempo después por algunos de sus personajes. Por ejemplo, que Félix Muñoz contase el episodio de la afrenta de Corpes, o que Pedro Bermúdez relate lo ocurrido en las Cortes de Toledo, o que la niña que pide al Cid que no se aloje en su posada cuente a sus hijos aquel incidente; y otros casos por el estilo.

6. Puede redactarse asimismo un relato en el que un juglar cuente a una concurrencia reunida en torno a él, en una posada o una taberna, su vida dedicada a este menester.

7. Otro de los rasgos característicos de los romances consiste en que se interrumpen en el momento más interesante, sin que haya concluido la historia que se narraba. Se sugiere continuar hasta el final (en prosa, pero si se puede en verso, mejor) algunos de los romances,

preferentemente algunos de carácter novelesco o lírico, como los de «Gerineldo y la infanta» y el de «El infante Arnaldos».

8. La recuperación del universo afectivo de los personajes de la poesía medieval puede realizarse mediante la escritura de cartas. Pueden escribirse en este sentido cartas sobre circunstancias relacionadas con alguno de los poemas recogidos en la antología. Por ejemplo, una carta en la que la infanta enamorada de Gerineldo le expusiera a éste sus sentimientos e intenciones; otra del Cid a su mujer, contándole sus peripecias en el destierro; otra del Arcipreste solicitándole relaciones a alguna de las mujeres que quería conquistar; otra de don Rodrigo Manrique pidiéndole a su hijo que acudiese a Ocaña porque se sentía próximo a morir, etc.

9. Aunque es improbable que este tipo de confesión íntima se diera en la Edad Media, se puede suponer que el Arcipreste (u otro personaje cualquiera) escribió un diario en el que volcara los afanes, inquietudes y actividades que constituían su vida diaria. Redáctense tres o cuatro páginas de ese supuesto diario.

10 Después de informarse acerca del recurso narrativo denominado *monólogo interior,* recréense mediante esta técnica las reflexiones que pudo hacerse Jorge Manrique tras ser herido mortalmente en el asalto al castillo de Garci-Muñoz.

Actividades interdisciplinares

1. Representación plástica del prado que nos pinta Gonzalo de Berceo en su «Introducción» a *Los milagros de Nuestra Señora*.

2. Si es posible, pueden proyectarse algunos de los episodios inspirados en el citado libro de Gonzalo de Berceo llevados a la pequeña pantalla por TVE.

3. Proyección y comentario de la película española basada en el *Libro de buen amor*.

4. Coméntese el cuadro de Brueghel el Viejo «La batalla de don Carnal y doña Cuaresma», en relación con el episodio del mismo título del *Libro de buen amor*.

5. El fenómeno de la tradición literaria podría ilustrarse mediante la lectura de algunas realizaciones posteriores del tema abordado en el episodio del *Libro de buen amor* «El ratón de Mohernando y el ratón de Guadalajara». Por ejemplo, la fábula de Samaniego «Ratón de campo y ratón de ciudad». Asimismo, podría verse el corto de Walt Disney sobre el mismo tema.

6. Visionado de la película *El Cid,* de Anthony Mann, en la que actuó como asesor don Ramón Menéndez Pidal.

7. Audición de música medieval. Se recomienda la del grupo «Salterium» y la de Gregorio Paniagua.

8. Visitas o excursiones a lugares relacionados con algunas de las obras incluidas

en esta antología: Burgos, monasterio de Cardeña, Valencia y Toledo *(Cantar de Mio Cid);* Berceo, los monasterios de Suso y Yuso, de San Millán de la Cogolla (G. de Berceo); Salas de los Infantes (romances de los Infantes de Lara); Hita, la sierra de Guadarrama *(Libro de buen amor);* el castillo de Garci-Muñoz y Ocaña (J. Manrique); Guadalajara y Santillana del Mar (Marqués de Santillana).

9. Trazado sobre un mapa de España del itinerario aproximado que siguió el Cid en su destierro hasta la conquista de Valencia.

10 Realícese un inventario de los lugares de la geografía peninsular mencionados en el *Libro de buen amor,* indicando la circunstancia por la que se citan.

Textos complementarios

TEXTO 1

Cantar de Mio Cid

El argumento del *Cantar* tiene dos temas fundamentales: el del destierro y el de la afrenta de Corpes. El primero se centra en la honra pública o política del Campeador, al narrar las hazañas que le permiten recuperar su situación social a través del perdón real. El segundo, en cambio, tiene por objeto un asunto familiar o privado, por más que afecta igualmente a su honor, dado que el ultraje infligido a sus hijas por los infantes de Carrión suponía una deshonra, situación que en la Edad Media tenía graves repercusiones legales.

La recuperación de la honra del Campeador en la primera fase se realizará paulatinamente, siguiendo el patrón clásico de la realización de una serie de hazañas de dificultad creciente que, al aumentar la fama y la riqueza del héroe, le hacen acreedor ante el rey de su reintegración a la comunidad política [...]. Por su parte, el tratamiento dado a la restauración del honor del Cid en la segunda parte de la trama es muy original.

En efecto, la tradición épica exigía que una deshonra de ese tipo se solventase por una venganza personal, pero en el poema se recurre a los procedimientos legales vigentes, a través del proceso del *riepto,* una innovación jurídica de la segunda mitad del siglo XII. [...]

La disposición interna de esas dos fases argumentales responde a un esquema de gran difusión en la narrativa tradicional: el del doble ciclo de caída y recuperación, nueva caída y nueva recuperación. De esta forma, y tomando como variable el honor del héroe, el relato del *Cantar* describe una curva semejante a una W, con tres puntos máximos y dos mínimos. Los máximos son el de la situación inicial del Cid, honrado caballero de la corte de don Alfonso (situación descrita explícitamente en el poema), el de la primera restitución de su honra, mediante el perdón real, y el de la segunda reposición, con la victoria sobre los infantes y el matrimonio de sus hijas con los príncipes herederos de Navarra y Aragón. Los puntos mínimos son, primero, el propio destierro (y en particular, el momento en que el Cid, abandonado por casi todos, debe acampar extramuros de Burgos y sólo puede obtener el dinero que necesita mediante un fraude; y, después, la afrenta de Corpes. De todos modos esta doble curva no significa que el héroe supere las adversidades para regresar a su posición previa; antes bien, cuando remonta la contrariedad es para llegar aún más alto, en un proceso claramente promocional. Por tanto, cada nueva cúspide es siempre más elevada que la precedente: de pequeño infanzón pasa a señor de Valencia, capaz de emparentar con los poderosos Vanigómez, y de ahí llega a superar a éstos en honor y a concertar matrimonios regios para sus hijas.

ALBERTO MONTANER, «Prólogo» al *Cantar de Mio Cid,* Barcelona, Crítica, 1993, pp. 30-32.

Actividades

1. Indica los elementos ficticios que se incluyen en el *Cantar de Mio Cid* y argumenta de qué manera se utilizan para los objetivos, que, según este texto, perseguía su autor.

TEXTO 2

«Castilla»

El ciego sol se estrella
en las duras aristas de las armas,
llaga de luz los petos y espaldares
y flamea en las puntas de las lanzas.

El ciego sol, la sed y la fatiga.
Por la terrible estepa castellana,
al destierro con doce de los suyos
–polvo, sudor y hierro–, el Cid cabalga.

Cerrado está el mesón a piedra y lodo...
Nadie responde. Al pomo de la espada
y al cuento de las picas, el postigo
va a ceder... ¡Quema el sol, el aire abrasa!

A los terribles golpes,
de eco ronco, una voz pura, de plata
y de cristal, responde... Hay una niña
muy joven y muy blanca
en el umbral. Es toda
ojos azules; y en los ojos lágrimas.
Oro pálido nimba
su carita curiosa y asustada.

«¡Buen Cid! Pasad... El rey nos dará muerte,
arruinará la casa
y sembrará de sal el pobre campo

que mi padre trabaja...
Idos. El cielo os colme de venturas...
¡En nuestro mal, ¡oh, Cid!, no ganáis nada!»

Calla la niña y llora sin gemido...
Un sollozo infantil cruza la escuadra
de feroces guerreros,
y una voz inflexible grita: «¡En marcha!».

El ciego sol, la sed y la fatiga.
Por la terrible estepa castellana,
al destierro, con doce de los suyos
–polvo, sudor y hierro–, el Cid cabalga.

MANUEL MACHADO, Alma, 1902.

Actividades

1. Compara este poema con la situación del *CMC* en la que se basa, y señala las semejanzas y diferencias que encuentres.

TEXTO 3

Las jarchas

Sin duda, como prueban los testimonios anteriormente aducidos, todos los pueblos románicos tuvieron en la alta Edad Media cantos líricos tradicionales, aunque no se conserven. El canto y la danza son expresiones necesarias del hombre tanto en las fiestas como en el trabajo cotidiano. Estos cantos hubieron de nacer al tiempo que la lengua hablada se separaba del latín y nacían las lenguas románicas, para ser cantados en la lengua cotidiana. Despreciados por clérigos y eruditos, que no admitían otra escritura que la latina, fueron desde sus orígenes destinados a la tradición oral. Sólo por alguna circunstancia extraña, nos encontramos hoy día con muestras de esta lírica tradicional puestas por escrito. La atracción de lo exótico, en su notable aptitud de receptividad, es causa de que pudieran los poetas árabes o hebreos de al-Andalus embelesarse ante esas cancioncillas mozárabes, y por extraño azar hoy día han llegado algunas de ellas hasta nosotros. Sólo por estas razones singulares, poseemos en España los testimonios escritos más antiguos de esta supuesta lírica tradicional, común a toda la Romania, anterior a la de los trovadores, según reconocen numerosos críticos.

ÁLVARO GALMÉS DE FUENTES, *Las jarchas mozárabes,* Barcelona, Crítica, 1994, pp. 176-177.

Actividades

1. A diferencia de la antigua lírica tradicional castellana, de la que no quedan –o son muy escasos– testimonios escritos, de la lírica tradicional mozárabe sí nos han quedado abundantes vestigios: las jarchas. ¿Cuáles podrían ser las razones que han podido motivar una situación tan distinta en uno y otro caso?

TEXTO 4

Gonzalo de Berceo

La obra de mayor difusión de Berceo son los *Milagros de Nuestra Señora.* La tradición literaria de los milagros marianos se inscribe en la corriente del culto a la Virgen María, que se atestigua por numerosas obras dedicadas a la madre de Jesús [...], por la consagración de iglesias y catedrales bajo su advocación (como sería el caso del altar mayor en el monasterio de San Millán de Yuso), y por otras muchas manifestaciones artísticas; por otra parte, el influjo de los cistercienses y, en especial, los sermones de san Bernardo de Claraval impulsaron el culto a la Virgen por todo el Occidente desde mediados del siglo XII. [...]

Los *Milagros* de Berceo se insertan en esta tradición literaria con unos objetivos claros: rendir culto a la Virgen –posiblemente, Nuestra Señora de Marzo, venerada en el monasterio de San Millán de Yuso– y entretener a los peregrinos; poco importa que los milagros realizados no queden delimitados geográficamente en las proximidades del monasterio; al contrario, la universalidad atestiguaría el poder de María, no se necesita la exclusividad patente en los poemas hagiográficos del mismo Berceo. Y, en todo caso, el autor y sus oyentes identificarían a la Virgen de los *Milagros* con la imagen venerada en el altar mayor del monasterio de San Millán de Yuso. [...]

La introducción alegórica parece ser obra original de Berceo, o a lo menos no se han encontrado textos que pudieran ser fuente directa de la inspiración del poeta riojano; sin embargo, cabe destacar que el tópico del *locus amoenus* con que se inicia la obra es frecuente en la literatura medieval [...] Y, lo que es más importante, la introducción es la base organizadora del conjunto de los milagros reunidos por Berceo, gracias a la hábil utilización de un juego alegórico cuya clave de interpretación tipológica permite apreciar la historia de la caída del hombre y su salvación por la intercesión de María: es, en definitiva, el mismo esquema que se repite en cada uno de los relatos, aunque éstos se centren en casos concretos, lejos del planteamiento abstracto de la introducción.

Los veinticinco milagros –el cinco es la cifra de la Virgen, según la numerología cristiana– que componen la colección siguen de cerca una versión latina, en la que se incluirían los mismos milagros, con el mismo orden, a excepción de la introducción alegórica, como ya se ha señalado, y del relato de «La iglesia robada», que parece vincularse a la tradición local.

CARLOS ALVAR, «La Edad Media», en C. Alvar *et al.*, *Breve historia de la literatura española*, Madrid, Alianza Editorial, 1997, pp. 69-71.

Actividades

1. El escritor medieval, tanto en la práctica de la escritura como en los fines que perseguía con ella, presenta unos rasgos muy diferentes de los que presentan los escritores de épocas posteriores. Indica los rasgos que definen al escritor medieval en función de los conceptos desarrollados en este texto.

TEXTO 4

Jorge Manrique

Este poema, que quiere desengañarnos de lo temporal, consiste, de estrofa en estrofa, en un lento progresar del desengaño. [...]

También en el desarrollo tonal del poema vemos ese *formarse* de la idea. Amanece la elegía con un esplendor de grandes conceptos llenando nuestro ánimo de nítidas claridades, de majestad sobrecogedora. Continúa en las altas zonas del lenguaje sentencioso y redondo. Accede al pasaje de la mayor hermosura plástica, cuando se puebla de vocablos de irresistible hechicería sensual. Aun en el panegírico, la enunciación paralela de grandes hombres y grandes virtudes mantiene esa elevación tonal, ahora en altura puramente retórica. Pero, conforme nos aproximamos a la escena clave, a la hora de la verdad, el mismo poema se va quitando galas; su tono se vuelve más hondamente sencillo en la dramatización, hasta que llega a un verdadero alarde de simplicidad, en la estrofa de cabo. El poema impone a su misma carne ese ejercicio de ascetismo espiritual que nos aconseja: parece que se desengaña, a su término, de las vanidades retóricas, y se despoja adrede de las postizas hermosuras, y las gracias prendidas. Ellas, también, vistas desde los versos postreros del poema, se nos antojan «verduras de las eras» o «rocíos de los prados».

Pero el mayor *hacer* del poema consiste en la conversión milagrosa del tema de la mortalidad en su contrario. Estas *Coplas* a la muerte son en verdad una poesía a la vida. Después de llevarnos de desengaño en desengaño, por su geométrico laberinto pensativo, nos deja en el umbral de la máxima esperanza, la inmortalidad.

PEDRO SALINAS, *Jorge Manrique o tradición y originalidad,* Buenos Aires, Sudamericana, [4]1974, pp. 222-224.

Actividades

1. Ejemplifica con textos de las *Coplas* los argumentos que se exponen en este texto.

TEXTO 5

El Romancero

La transmisión del romancero es mayoritariamente oral (se aprende de oído y se memoriza para cantarlo), y ese proceso de transmisión oral supone una continua recreación del texto. A diferencia del texto escrito, que implica una mayor estabilidad y fijeza (aunque también puedan operarse modificaciones debidas, por ejemplo, a errores de copia), el texto memorizado y repetido verbalmente está sometido a una mayor probabilidad de variación, por numerosas razones. Para empezar, porque la memoria es un soporte más lábil para un texto que el papel o el pergamino, y por tanto es más fácil que se produzcan modificaciones debidas a olvidos, a malentendimiento de determinados pasajes del texto, a intentos de restaurar los pasajes olvidados o mal entendidos, a asociaciones mentales que relacionan un texto con otro que se le asemeja por su contenido o su formulación, de tal forma que ambos se mezclan [...]. Pero también porque en cierto modo el individuo que aprende un romance y lo repite cantándolo para sí o para otros interviene de alguna manera más activa en el texto: no se trata sólo de defectos de transmisión, de olvidos o de invenciones, sino de que, en el mismo acto de la oralidad, el individuo es al mismo tiempo lector, transmisor e intérprete del texto, proyectando sobre él –la mayor parte de las veces inconscientemente, aunque no falten intervenciones conscientes– su propia lectura. [...]

De ahí la idea pidaliana del *autor-legión,* que tan mal entendida ha sido por cierto sector de la crítica: no se trata de volver a las casi mágicas ideas románticas del autor colectivo, sino de considerar que en el proceso de transmisión cada transmisor deja su huella en el texto, lo recrea de alguna manera y lo transmite a otro con sus propias modificaciones.

PALOMA DÍAZ-MAS, «Prólogo» a *Romancero*, Barcelona, Crítica, 1994, p. 15.

Actividades

1. Semejantes vicisitudes a las sufridas por los romances, en tanto que literatura de creación y transmisión eminentemente oral, han experimentado también otros géneros. Quizá el más relevante, por su alcance y difusión casi universal, sea el caso del cuento folclórico. Busca algunas narraciones folclóricas que a pesar de desarrollar el mismo contenido temático presenten ciertas diferencias en otros aspectos.

TEXTO 6

Lírica tradicional

El problema básico, con el que se topan cuantos trabajan sobre esta poesía, es el siguiente: ¿qué textos pueden considerarse «de tipo popular»? Sabemos que buena parte de la lírica medieval de carácter folklórico se puso por escrito a partir de la segunda mitad del siglo XV y hasta mediados del XVII, gracias a una valoración de lo rústico, primitivo y simple. Pero sabemos también que los escritores que acudieron a los cantares del pueblo en aquella época no lo hicieron con espíritu de folkloristas, sino para utilizarlos como material poético, para manejarlos a su antojo: no tenían por qué ser fieles a los textos. Esto por una parte. Por otra, cabe decir que lo que utilizaron y manejaron los escritores, no sólo fueron los textos concretos que circulaban entre el pueblo, sino toda la tradición o escuela poética a que estos textos pertenecían: su estilo peculiar, su versificación, temática y vocabulario. Desde los comienzos de esa moda, y sobre todo desde 1580, la imitación se practicó profusamente. Componer un estribillo que sonara a «cantar viejo» era juego de niños para aquellos poetas. A veces descubrimos la trampa; pero otras muchas o no la vemos o nos quedamos con la duda.

Existen para ciertos cantares pruebas más o menos seguras de autenticidad folklórica. Pero una gran parte de las poesías escapa a toda posibilidad de comprobación. La única solución parece ser hablar de «poesía de tipo tradicional (o popular)» y englobar dentro de ella los textos que se ajusten a una técnica y una temática que verosímilmente sean las de la lírica folklórica medieval, es decir, las poesías que pueden haber sido antiguas y folklóricas y aquellas que, quizá compuestas en los siglos XV-XVII, por autores cultos o no, continúen en esa tradición en sus lineamientos generales.

MARGIT FRENK ALATORRE, «Problemas de la antigua lírica popular», en *Estudios sobre lírica antigua,* Madrid, Castalia, 1978, pp. 138-139.

Actividades

1. A partir de lo que se expone en este texto, pero teniendo en cuenta también lo que se dice en el texto crítico referido al Romancero, argumenta las diferencias que pueden existir entre la poesía popular y la tradicional, y razona cuál de los dos términos puede ser el más adecuado para aludir a las poesías, u otras producciones literarias anónimas, que se han ido transformando en su largo proceso de elaboración y transmisión.

COMENTARIO DE TEXTO

Romance del prisionero

Que por mayo era, por mayo,
cuando hace la calor,
cuando los trigos encañan
y están los campos en flor,
cuando canta la calandria
y responde el ruiseñor,
cuando los enamorados
van a servir al amor,
sino yo, triste, cuitado,
que vivo en esta prisión,
que ni sé cuándo es de día
ni cuándo las noches son,
sino por una avecilla
que me cantaba al albor.
Matómela un ballestero:
dele Dios mal galardón.

Comprensión del texto

En este apartado, previo al comentario propiamente dicho, deberán aclararse todas las palabras y expresiones que presenten alguna duda, dado que si no se entiende el texto en su literalidad no podrá llevarse a cabo un comentario satisfactorio.

Entre las palabras que en este caso pueden presentar dificultades de comprensión, se encuentran *encañan, cuitado, albor* y, tal vez, *ballestero* y *galardón*.

Encañar significa aquí que el trigo ya está seco y listo para la siega.

Cuitado quiere decir entristecido o desdichado.

Albor es lo mismo que alba o amanecer.

Ballestero es el que maneja una ballesta, arma para disparar flechas.

Galardón significa premio o recompensa.

La expresión recogida en el último verso quiere decir «Ojalá le castigue Dios».

Análisis de la forma externa

En este apartado habrá que determinar los rasgos formales de carácter externo del texto: si se trata de prosa o verso, y en el primer caso si es prosa narrativa o teatral, etc. Si nos encontramos ante un poema habremos de analizar la métrica del mismo en los siguientes aspectos: clases de versos que contiene según su número de sílabas; clase de rima; descripción y denominación de las estrofas que lo integran, y tipo de composición general que forman.

En el presente caso, estamos ante un conjunto de dieciséis versos octosílabos, es decir, de arte menor. Los versos pares presentan la particularidad de que sólo constan de siete sílabas gramaticales, pero, dado que terminan en palabra aguda, debe añadírseles una sílaba métrica. El poema tiene una sola rima asonante que se repite en los versos pares, mientras que los impares permanecen sueltos o sin rima.

De estas características métricas se deduce que nos encontramos ante un *romance*.

Análisis del contenido

En este apartado, habrá que descomponer el poema en sus principales unidades de sentido, para, posteriormente, explicarlas con cierto detalle, tratando de apreciar cómo estas partes se articulan en el conjunto del texto.

Atendiendo a su contenido, el texto puede dividirse en tres partes. La primera parte comprendería los ocho primeros versos, y en ella se nos describe el esplendor de la naturaleza en una época, el mes de mayo, en que ésta se halla en su apogeo. La segunda parte nos muestra, en contraposición con la primera, la triste situación de un prisionero que se encuentra aislado en una celda, que imaginamos lóbrega y oscura, y que, por lo tanto, no puede participar de lo que él mismo nos describe en la parte anterior, salvo por el canto de un pájaro que le anunciaba cada día el amanecer, lo cual suponía para él en cierta medida su único enlace con el exterior. La tercera parte abarcaría los dos últimos versos, que constituyen el triste desenlace de la situación planteada, que se produce cuando un ballestero mata de un flechazo a la avecilla, privando al prisionero de su único consuelo, ante lo cual éste reacciona maldiciendo al autor de esa gratuita crueldad.

Las dos primeras partes están dispuestas en forma de contraste, de modo que se muestre eficazmente el antagonismo de los dos ambientes que se reflejan en el texto: el del mundo exterior, luminoso y alegre, y el del espacio oscuro y cerrado de la prisión. Así, la primera parte, que es una descripción de la naturaleza en su época de mayor vitalidad, contrasta abiertamente con la segunda, que nos presenta la patética situación del prisionero, que vive aislado, triste y en perpetua oscuridad. No obstante, a pesar de que el poema contrapone dos ambientes y dos situaciones tan dispares, su incomunicación no es total, gracias a una humilde avecilla, la cual desempeña un papel muy destacado en la articulación del poema, puesto que es el único elemento de unión entre el mundo oscuro, triste y solitario del prisionero y el luminoso, vital y de alegría compartida que se aprecia en el mundo exterior. La muerte del pajarillo representa entonces la pérdida de lo único que aún le suponía al prisionero cierta alegría, esperanza e ilusión de libertad, por lo que al final queda sumido en la más profunda desolación.

El eje central del poema es la situación del prisionero, personaje del que no se nos proporciona el nombre ni otro tipo de detalles que ayuden a identificarle; ni se alude tampoco al delito que ha cometido para estar encerrado en esa cárcel, y lo único que se destaca de él es su condición de persona privada de su libertad.

La primera parte se dedica a una presentación del mes de mayo, con las connotaciones de vitalidad, esplendor, belleza y amor que se le suelen aplicar, y que, por eso mismo, suscita sentimientos y sensaciones agradables; es además un mes que aparece con frecuencia en el Romancero, casi siempre relacionado con escenas amorosas y celebrado con diversos ritos, fiestas, cánticos y bailes. La descripción del mes de mayo se realiza mediante unos cuantos elementos representativos, comenzando por el calor, un calor que, después del largo y crudo invierno, invita a gozar de la naturaleza, a salir al exterior; y ese calor se advierte también en que los trigos se están secando, han llegado a la madurez y están listos para la siega. También se hace alusión a los campos florecidos y a la alegría que provoca su contemplación. Otro detalle importante es que esta belleza se acompaña del canto de los pájaros, que también muestran su júbilo y su búsqueda de compañía. Como culminación de ese escenario se menciona a las personas, aunque, significativamente, sólo se nos presentan en su faceta de enamorados, como partícipes del impulso vital que se ha adueñado en esta época de todos los seres vivos, afanados en la búsqueda de pareja.

La presentación de la naturaleza se realiza con arreglo a un orden determinado, que consiste en lo esencial en una progresión, dado que, en primer término, se nos muestra el esplendor del reino vegetal, representado por los trigos maduros y los campos florecidos; luego el reino animal, del cual se ha escogido sólo a las aves, seguramente porque simbolizan la libertad, además del instinto amoroso; y por fin, culminando la pirámide, se encuentran los seres humanos, en este caso bajo la imagen de los enamorados que van a servir al amor. Las notas que se desprenden de esta descripción son la luminosidad, el calor, la belleza, la alegría, el amor y la compañía.

Si ahora contemplamos la situación del prisionero, veremos que los rasgos que se desprenden de ella son totalmente contrarios a los mencionados. Sin duda se encuentra en una mazmorra medieval, lóbrega y oscura, por contraposición a la luminosidad del exterior; también la tristeza que le produce su desdicha contrasta poderosamente con la alegría y la vitalidad que los seres vivos manifiestan en esa época; por otro lado, la soledad del prisionero representa la antítesis de la compañía que disfrutan en esa época los seres vivos. Pues bien, esa avecilla que le cantaba al albor al prisionero era su único vínculo con el exterior, puesto que le traía en su canto, juntos, los ecos de esas notas de esplendor, júbilo, compañía y luminosidad que caracterizaban el ambiente del mundo exterior. En efecto, el canto le contagiaba la alegría, al mismo tiempo que le anunciaba la luz de la mañana y le proporcionaba compañía, de manera que todo ello le hacía un poco más llevadero su cautiverio. Su muerte sume al prisionero en la desesperación y le hace más insoportable aún la vida que llevaba; por eso maldice al ballestero y desea que Dios le castigue.

Análisis de la expresión

En este apartado se intentará explicar qué recursos expresivos ha utilizado el autor en la elaboración del texto, porque ellos serán la piedra de toque para poder valorar literariamente el poema y para determinar su singularidad como obra de arte. En función de este objetivo habrá que seleccionar los rasgos estilísticos más importantes y determinar cómo contribuyen al resultado final.

Si observamos el punto de vista elegido, advertimos que se trata ante un poema formulado con un enfoque subjetivo, puesto que nos ofrece una visión del mundo que nace de la propia intimidad del sujeto, en este caso del personaje. Significativamente el poema es un monólogo, lo cual corrobora la impresión de soledad que nos produce, porque es el prisionero el que habla consigo mismo, ya que su absoluta soledad le mantiene incomunicado y solamente puede contarse sus penas a sí mismo. Y este punto de vista elegido es el más eficaz para que la lamentable situación del prisionero nos impresione profundamente; desde luego mucho más que si se nos refiriese mediante una voz impersonal, o por una persona ajena a los hechos y, por tal motivo, distanciada de la que sufre esa situación.

El texto comienza, como muchos romances, con una repetición: «Que por mayo era, por mayo», mediante la cual se trata de captar con más fuerza la atención del lector. La descripción del mes de mayo se lleva a cabo mediante una anáfora, en este caso basada en el adverbio temporal «cuando». En los versos 5 y 6 observamos otra figura bastante adecuada al contenido, la aliteración. La aliteración basada en la repetición del fonema /k/ de «cuando canta la calandria» sugiere el canto de ese pájaro, mientras que la repetición del fonema /r/ en «y responde el ruiseñor» aporta también en un tono distinto la sensación del canto del otro pájaro. En términos generales, se aprecia, como hemos visto, una antítesis que engloba a todo el texto. En el verso 13 se observa un diminutivo, «avecilla», que es un diminutivo afectivo, y que, por lo tanto, más que pequeñez indica cariño, y es un detalle importante porque es el único ser en el que el cautivo proyecta su afecto. En la frase «matómela un ballestero» se advierte, en la inclusión del pronombre *me,* lo que se denomina un dativo ético o de interés, porque no quiere decir que simplemente la mató el ballestero, sino que se la mató *a él,* porque la consideraba algo especialmente suyo y la apreciaba tanto que siente su muerte como algo propio. El texto está contado desde el presente («estoy», «sé», «son»), lo cual, unido, como ya vimos, al hecho de que está formulado en primera persona, nos aproxima de una manera más directa e intensa al sufrimiento del prisionero, porque lo que allí se refiere no lo percibimos como un suceso que le acaeció hace mucho tiempo a esa persona, sino como algo que le está ocurriendo en esos momentos. Asimismo, se advierte en el texto esa alternancia de tiempos verbales tan característica del Romancero, y también se aprecia ese final rotundo y abierto que deja una sensación de incertidumbre y mantiene la tensión en el lector una vez concluido el texto.

Conclusión

En general, se trata de un texto bastante sobrio en su expresión, lo que se percibe en su lenguaje sin grandes artificios retóricos, que llega por eso mismo directamente a la sensibilidad del lector; pero esta simplicidad de estilo no impide que se desprenda de él una fuerte emotividad; lo cual, unido a la índole de su temática, a su brevedad, al enfoque subjetivo desde el que está formulado, a su tenue contenido narrativo, y al hecho de sugerir más de lo que cuenta, nos lleva a incluirlo en la lírica, concretamente en la clase de los romances líricos.

AKAL/LITERATURAS

TÍTULOS PUBLICADOS

1. AA.VV. *Antología poética de la Generación del 27*. Edición de Pedro César Cerrillo Torremocha
2. KIPLING, RUDYARD. *Los cuentos de así fue*. Edición de José Manuel González Espino
3. BÉCQUER, GUSTAVO ADOLFO. *Rimas*. Edición de Francisco Torrecilla del Olmo
4. RENARD, JULES. *Pelo de zanahoria*. Edición de Ana Fernández Álvarez
5. LARRA, MARIANO JOSÉ DE. *Artículos*. Edición de María Luisa Alonso
6. COLLODI, CARLO. *Las aventuras de Pinocho*. Edición de José Sánchez López
7. AA.VV. *Cuentos de la Edad Media y del Siglo de Oro*. Edición de Jesús Maire Bobes
8. DARÍO, RUBÉN. *Cuentos*. Edición de Raquel Arias Careaga
9. AA.VV. *Teatro breve de la Edad Media y del Siglo de Oro*. Edición de Jesús Maire Bobes
10. HOFFMANN, E. T. A. *Cuentos de música y músicos*. Edición de José Sánchez López
11. PÉREZ GALDÓS, BENITO. *Cuentos*. Edición de Félix Rebollo Sánchez
12. KIPLING, RUDYARD. *El libro de la jungla*. Edición de José Manuel González Espino
13. PÉREZ GALDÓS, BENITO. *Tristana*. Edición de Pilar Torralba Álvarez
14. ZORRILLA, JOSÉ. *Don Juan Tenorio*. Edición de Montserrat Ribao Pereira
15. AA.VV. *¿Dónde está el niño que yo fui? Poemas para leer en la escuela*. Edición de Pedro César Cerrillo Torremocha

16 HUGO, VICTOR. *El último día de un condenado a muerte*. Claude Gueux. Edición de Martín García González
17 AA.VV. *Fábulas españolas*. De don Juan Manuel a nuestros días. Edición de Jesús Maire Bobes
18 PÉREZ GALDÓS, BENITO. *Trafalgar*. Edición de Alicia Hernández Fernández
19 CARROLL, LEWIS. *Aventuras de Alicia en el País de las Maravillas*. Edición de Pilar Torralba Álvarez.
20 AA.VV. *Cuentos españoles de tema mitológico*. Edición de Jesús Maire Bobes.
21 SALGARI, EMILIO. *El corsario negro*. Edición de José Sánchez López.
22 KAFKA, FRANZ. *La Metamorfosis*. Edición de Gonzalo Hidalgo Bayal.
23 CASTRO, ROSALÍA DE. *La hija del mar*. Edición de Montserrat Ribao Pereira.
24 AA.VV. Antología de la poesía española, (1939-1975). Edición de Ariadna G. García.
25 TABOADA, JESÚS. *Musa Celeste. Un recorrido narrativo por los antiguos mitos griegos*.
26 VALERA, JUAN. *Juanita la Larga*. Edición de Marta González Megía.
27 AA.VV. *Antología de la poesía medieval*. Edición de Antonio del Rey Briones.
28 GONZÁLEZ ESPINO, JOSÉ MANUEL (versión y ed.). *Relatos bíblicos*.
29 SECO SERRA, IRENE. *Leyendas y cuentos del Japón*.